AF451722

LE
PROTECTORAT
DU CZAR

OU

LA ROUMANIE ET LA RUSSIE

NOUVEAUX DOCUMENTS SUR LA SITUATION EUROPÉENNE

PAR J. * R.

Témoin oculaire des événements qui se sont passés en Valachie de 1828 à 1849.

Prix : 1 franc.

PARIS

AU COMPTOIR DES IMPRIMEURS-UNIS.

COMON, ÉDITEUR,

15, QUAI MALAQUAIS.

1850

LE

PROTECTORAT DU CZAR.

C

DE L'IMPRIMERIE DE BEAU,
à Saint-Germain-en-Laye.

Par Ioan Eliade Radulescu

d'après Bengesco, *Bibliographie franco-*
roumaine, 1907, n° 59.

l'auteur de l'Avant-propos est

Sébastien Gayet de Cesena.

LE
PROTECTORAT
DU CZAR

OU

LA ROUMANIE ET LA RUSSIE

NOUVEAUX DOCUMENTS SUR LA SITUATION EUROPÉENNE.

PAR J. * R.

Témoin oculaire des événements qui se sont passés en Valachie de 1828 à 1849.

PARIS

AU COMPTOIR DES IMPRIMEURS-UNIS.

COMON, ÉDITEUR,

15, QUAI MALAQUAIS.

1850

DE L'IMPRIMERIE DE BEAU,
à Saint-Germain-en-Laye.

Par Ioan Eliade Radulescu
d'après Bengesco, Bibliographie franco-
roumaine, 1907, n° 59.
L'auteur de l'Avant-propos est
Sébastien Gayet de Cesena.

LE

PROTECTORAT

DU CZAR

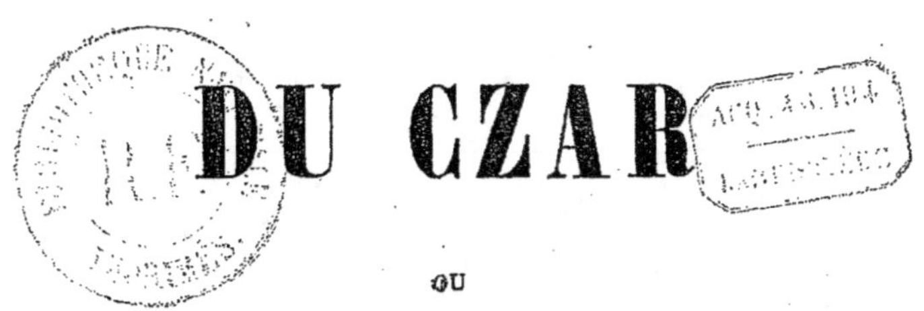

OU

LA ROUMANIE ET LA RUSSIE

NOUVEAUX DOCUMENTS SUR LA SITUATION EUROPÉENNE.

PAR J. * R.

Témoin oculaire des événements qui se sont passés en Valachie de 1828 à 1849.

PARIS

AU COMPTOIR DES IMPRIMEURS-UNIS,

COMON, ÉDITEUR,

15, QUAI MALAQUAIS.

—

1850

AVANT-PROPOS.

L'auteur de cette brochure est un Roumain émigré (1), témoin oculaire des faits contemporains qu'il retrace, impartial historien des annales de sa patrie trop peu connue parmi nous. Sa publication, en répandant un jour précieux sur elle, emprunte, comme son titre l'indique, un intérêt particulier aux événements dont l'Europe est le théâtre depuis deux années, événements dont elle complète en quelque sorte le tableau. La terrible lutte hongroise, transportée à son dénouement des rives de la Theiss aux rives du Danube, appelle l'attention générale sur la marche de cette puissance à double face, embrassant et menaçant deux moitiés d'hémisphères; elle a montré sous une physionomie neuve le long duel qui se poursuit, tantôt diplomatiquement, tantôt masqué, tantôt par les armes, entre la Turquie et la Russie, c'est-à-dire entre deux religions et deux races, duel épisodique lui-même dans le grand combat déchaîné entre les forces antagonistes du monde moderne.

On y a vu avec surprise le vieil empire Islamite, réputé naguère barbare, gardien auguste des droits de l'hospitalité sainte, et l'empire orthodoxe des successeurs de Pierre-le-Grand, l'empire septentrional dont nos poètes philosophes chantaient métaphoriquement la lumière naissante, abandonner lâchement ses prisonniers, devenus ses hôtes, aux potences autrichiennes, et réclamer pour les leur livrer encore l'extradition des chrétiens réfugiés sur les terres du Sultan. — C'est en effet un rayon de lumière jeté sur la situation, le critérium de la nouvelle phase des deux empires.

Le premier, après avoir passé par l'état barbare et fanatique, pénètre lentement dans la voie progressive; il s'humanise et s'illumine. Le second, au contraire, assis sur sa victime immortelle, la Pologne, se constitue le centre de l'absolutisme rétrograde, le Don-Quichotte des ténèbres et du passé; il recule aux confins de la barbarie.

Toute la politique européenne doit être envisagée à ce point de vue. On le comprendra mieux après avoir lu l'appréciation historique du *Protectorat du Czar* dans les principautés Danubiennes. L'on comprendra aussi comment, vis-à-vis un pareil protectorat, la politique vraiment conservatrice et nationale des Roumains se résume dans ces deux termes adoptés pour règle par les nationaux : l'autonomie du pays et la suzraineté de la Porte; — La politique intelligente,

---

(1) Le cachet national s'y empreint dans son style, fidèlement conservé avec ses tournures caractéristiques.

pour le monde civilisé, dans celui-ci : l'intégrité de l'empire Ottoman ;
— et pour la France en particulier, suivant sa mission traditionnelle
trop rarement accomplie, dans la haute protection libérale des tribus
chrétiennes de l'Asie et des Slaves catholiques de l'Europe contre
leurs oppresseurs, maintenant placés au pied des monts Ourals ; car
le protectorat russe absorbe et dénationalise dans son cosmopoli-
tisme délétère les éléments indigènes, que laissent vivre les traités exi-
stants avec la Turquie désormais instruite par les sévères leçons
de l'expérience, et que de nouveaux traités favorables pourraient
au besoin développer. La glorieuse tentative de résurrection roumaine, dont cet opuscule indique déjà les faits principaux et dont
nous donnerons plus tard la narration complète, le prouve non
moins suffisamment ; pour se régénérer, la nation valaque n'avait
qu'à invoquer ses traités antiques avec la Porte et à se retremper
dans ses sources primitives, altérées surtout par le génie moscovite.

Certes le cœur battra en voyant ces nobles tribus Daces, nos
sœurs par la vieille Rome et le christianisme, aux prises avec un
ennemi si redoutable et si astucieux, comme la colombe aux serres
du vautour. On connaîtra sans voile les ressorts de ce gouvernement qui ne rougit pas de descendre jusqu'à falsifier par un acte
de faussaire la constitution d'un peuple pour l'asservir, de ce gouvernement qui se pose en défenseur de la civilisation contre les
anarchistes et qu'un éminent orateur (1) osait appeler *le seul gouvernement régulier en Europe.*

Et, comme français, je le dis avec les Valaques : Ouvrez les yeux,
car cet ennemi, c'est le nôtre ! Qu'on ne s'y trompe pas, en séparant
comme toujours, par une étroite rhétorique, les choses indivisibles.
Pour qui a suivi la marche des incorporations, transformations ou dé-
nationalisations opérées depuis un demi-siècle, la question roumaine,
c'est la question de la Bassarabie et des autres provinces russiani-
sées ; c'est la question polonaise et la question romaine, demain peut-
être la question helvétique. La question du protectorat du Czar en
Roumanie et en Pologne, c'est la question de la suprématie du Czar
sur l'Orient et sur l'Occident, la question sommairement prophétisée
par ces paroles de l'illustre captif : républicaine ou cosaque !

En doutez-vous ? — Pour mieux éclairer l'avenir, un diplomate
russe publie dans une revue parisienne (2), au moment où j'écris, un
article intitulé : *La Question romaine et la Papauté.* Cet article fournit un admirable corollaire à la présente brochure, ainsi qu'aux mani-

---

(1) Constatons, pour être justes, que cet orateur homme d'état, lorsqu'il était au
pouvoir, avait autrefois compris plus libéralement la mission de la France en Roumanie.

(2) La *Revue des Deux-Mondes* du 1er janvier 1850. — Voir aussi la brochure de
M. Raudot intitulée : *Décadence de la France*, et nous prédisant, comme un dernier
fléau, l'Attila Czar.

festes de Sa Majesté Nicolas. Il révèle dans leur superbe fanatisme les ambitions de l'église grecque, se proclamant l'église orthodoxe, et les projets occultes de son pontife, nouveau Charlemagne hyperboréen ; or, voici ce qu'il annonce en périodes plus ou moins mystiques :

— Le catholicisme se meurt ; le protestantisme se meurt, tués par leur antinomie fatale, originelle. Le premier ne fut qu'une déviation schismatique, une coupable usurpation de huit siècles sur l'église véritable, et le second, son digne fils, le père de la révolution antisociale, antichrétienne. Tous deux ont achevé leur cercle néfaste. La guerre fratricide des peuples et des principes va se clore par un retour à l'unité rédemptrice, à l'église grecque, seule dépositaire des traditions orientales, à l'église grecque dont Pétersbourg est le centre, dont Rome va redevenir la métropole. Les Czars sont prédestinés pour régénérer la caduque Europe ; ils doivent sauver l'Occident, le christianiser *à la cosaque*. —

« Qu'il me soit permis, s'écrie en finissant le biblique diplomate, prophète du Dieu–Czar, qu'il me soit permis de rappeler un incident qui se rattache à la visite que l'Empereur de Russie a faite à Rome en 1846. On s'y souviendra peut-être encore de l'émotion générale qui l'accueillit à son apparition dans l'église de Saint-Pierre. — L'apparition de l'Empereur orthodoxe revenu à Rome après plusieurs siècles ! — et du mouvement électrique qui parcourut la foule, quand elle le vit aller prier au tombeau des apôtres. Cette émotion était légitime. L'Empereur prosterné ne priait pas seul : toute la Russie était prosternée avec lui. Espérons qu'elle n'aura pas prié en vain devant les saintes reliques. »

Je n'expliquerai point ici au croyant illuminé, pour ne pas troubler sa foi, l'espèce d'émotion qui saisit l'Europe en regardant Nicolas, le restaurateur *de l'ordre* à Varsovie, saluer le successeur du Christ et s'agenouiller sur le tombeau des apôtres. Mais qu'il me soit permis à mon tour de citer, comme appendice à ce corollaire et comme un échantillon des bienfaits du règne sauveur, l'Ukase tout récent dont l'Empereur orthodoxe et très-chrétien gratifie ses bienheureux sujets.

« Ordonnance impériale du 29 novembre 1849 (commission de l'instruction publique). A partir du 1er janvier 1850, ne seront plus admis aux classes supérieures, depuis la quatrième, que des élèves dont *la noblesse sera légitime*. Quant aux classes inférieures, S. M. daignera autoriser à y admettre les enfants des bourgeois, tels que les commerçants, et même ceux des Juifs. Seulement ceux-ci paieront une somme considérable qui sera fixée plus tard. »

Comme complément, est limité à 300 le nombre des élèves de chacune des huit universités, uniques foyers intellectuels de l'immense empire. Les scellés sont mis sur toutes les librairies des provinces de la Baltique, et pour contrôler *plus régulièrement* ce dangereux commerce, on se propose de fonder un entrepôt central où le saint office slavon timbrera de son cachet les ouvrages licites, et où tout l'empire devra s'approvisionner, comme cela se pratique chez nous pour la poudre et le tabac. — Quant à la noblesse privilégiée, ses membres ne peuvent franchir, sans un permis impérial, le mur d'airain élevé autour de la nation sainte. Leurs têtes et leurs biens appartiennent au Dieu–Romanow.

Catholiques et bourgeois, mes concitoyens, vous êtes avertis : voilà le dernier terme du système orthodoxe, du protectorat du Czar; son but éternel, à travers tous les masques, l'apothéose de la Russie entre les nations, et de l'autocratisme sur la Russie. En un mot il voudrait, Moloch Panslavite, usurper la moitié du globe pour agrandir ses mornes domaines, — voler à l'Asie Stamboul, l'ancienne métropole des Césars byzantins, — Rome à l'Italie, à la chrétienté, au monde, — la lumière, la patrie et la liberté aux peuples.

Comprenez-vous maintenant pourquoi le même pouvoir apparaît en Orient sous une autre face : ici expropriant et enchaînant à son caprice, là s'annonçant comme l'émancipateur des esclaves et le gardien des propriétés, — hier patron occulte ou avoué, suivant les cas, de l'hétérie grecque et de toutes les insurrections contre la puissance ottomane, aujourd'hui lançant l'anathème et ses armées contre l'hétérie hongroise et toutes les insurrections occidentales, — tantôt agitant au bout d'une pique le bonnet révolutionnaire, tantôt tenant le glaive et la balance de l'ordre conservateur. Ce que les Czars ont depuis longtemps pris à la ville pontificale, c'est la clé du machiavélisme.

Dieu merci, leurs plans sont encore des rêves. Comme le dit avec des conclusions malignes l'auteur de l'article *sur la question romaine*, il y a dans la vie morale de la France, des éléments, des principes qui subsisteront aussi longtemps qu'il y aura une France. A chacun sa mission ! que l'empire moscovite remplisse la sienne chez les hordes sauvages en les courbant sous l'unité, passage nécessaire de leur initiation à la grande vie humaine; pour nous... mais déjà le colosse est miné par la base. Le vent des steppes nous apporte l'écho de ses convulsions souterraines. On a beau se déifier sur son trône, enfermer la pensée dans un cercle de bronze ; Dieu vous brise avec votre échafaudage, et la pensée, son ministre invincible, se change en lave pour dévorer ses geôliers et sa prison. La jeunesse russe, noble et bourgeoise, conspire contre l'autocrate (1). Je lui répète avec des millions de voix : au lieu de menacer, qu'il tremble, car son jour approche !

Sébastien RHÉAL.

(1) Voyez le décret inséré le 4 janvier 1850 dans le journal officiel de Pétersbourg et relatif à la découverte d'une vaste conjuration contre l'empire et l'empereur.

LE
PROTECTORAT DU CZAR

OU

LA ROUMANIE ET LA RUSSIE.

PREMIÈRE PÉRIODE.

ORIGINES ET INSTITUTIONS. — COUP-D'OEIL HISTORIQUE GÉNÉRAL.

I.

L'ancienne Dacie, après la dispersion de la race indigène qui suivit la conquête romaine, et le repeuplement du sol à l'aide de colonies que Trajan y appela du sein même de l'Italie et des autres parties de l'empire, reçut le nom de *Terra Romana*. Les descendants de ces premiers colons l'appellent encore aujourd'hui *Terra Romanesca*. Les lettrés la nomment *Roumanie*.

La Roumanie ou Terre Romaine, autour de laquelle le Dniester, les monts Carpathes, la Theiss, le Danube et la mer Noire forment une frontière naturelle, comprenait les deux banats de Temeswar et de Crajova, la Transylvanie, la Valachie actuelle et la Moldavie avec la Bassarabie et la Bucovine.

Quant au nom de *Valaques* employé par les géographes pour distinguer les habitants de la Roumanie, il n'existe pas dans la langue de ces peuples; c'est une dénomination empruntée aux idiômes slaves; par un procédé d'assimilation qui leur est familier, ils traduisirent le mot *Romain*, ῥωμαῖος (fort, robuste), par Wlass, ou Vloky signifiant la même chose dans leur langue, de la même manière qu'ils firent *Begoslovia* (discours sur Dieu) de théologie, *Zembleopissania* (description de la terre) de géographie, *Rada* (allégresse) de Lætitia ou Euphrosyne, *Bogdan* de Théodore, etc. De Vlaks, ou Vlasy ou Vloky, noms par lesquels les peuples Slavons, Russes, Polonais, Croates, Bohèmes désignent indifféremment les anciens Romains et les Italiens modernes, on a fait en français le mot *Valaques*, nom donné par restriction aux habitants des plus considérables contrées danubiennes.

En l'absence même de preuves historiques, la langue seule des Roumains suffirait à établir leur origine (1).

Nous allons, par une digression sur les institutions roumaines, démontrer que les chefs du parti national en 1848, en réclamant les droits dont a joui la Moldo-Valachie jusqu'en 1828, n'étaient pas des novateurs ni des révolutionnaires avec des tendances communistes, ainsi qu'on s'est plu à les représenter.

La Valachie fut constituée en *Domnie* (seigneurie) par Radu-Negru. Vers le commencement du XIIIe siècle, celui-ci partagea le sol en douze districts à l'exemple des douze tribus d'Israël, pieux témoignage d'un peuple habitué à mêler la Bible et l'Évangile aux traditions et aux institutions nationales.

Quelques années plus tard, Radu joignit à la Valachie le banat de Crajova, lequel forma cinq autres districts sous le nom de Petite-Valachie.

À peu près à la même époque, en 1310, la Moldavie fut également érigée en domnie par Dragos.

Les chefs de ces deux États avaient le titre de *Domnu* (sieur), qu'ils conservent fidèlement dans l'idiôme du pays. Ils sont appelés aussi Voïvodes. Mais cette appellation slave s'introduisit dans ces contrées, lorsque les Roumains, après la consommation du schisme, pour mieux marquer leur séparation d'avec Rome, eurent adopté le slavon comme langue de l'Eglise. — Voïvode signifie généralissime.

Hospodar ou *Gospodar* est un nom exotique. Les étrangers seuls s'en servent, et il n'a pas la signification de *prince* ; c'est toujours du slavon équivalent au terme de *Domnu* (sieur).

Le mot *prince* est une traduction du mot turc *bey*, qualification que les Phanariotes se décernaient d'eux-mêmes, et dont les Turcs sont assez prodigues, car ils la donnent à toute personne un peu sortable. Les étrangers seuls se servent du mot *prince* ; les indigènes ne l'emploient que pour désigner un fou, un bouffon.

<hr>

(1) Voyez à la fin, dans les notes, les n^{os} correspondants.

Roi, dans l'idiôme du pays, signifie coquin, sans-culotte, mauvais sujet, scélérat (2).

Ces traits sommaires, cités entre mille, suffisent pour indiquer le caractère particulier d'une nation chez laquelle, malgré toutes les tentatives et toutes les traverses, le despotisme féodal ou monarchique n'a jamais pu prendre racine.

❉

Leur position géographique et une même foi ont uni, comme deux sœurs, la Valachie et la Moldavie; nous ne parlerons ici que de la première, car leurs destinées et l'histoire de leurs droits ont toujours été si étroitement liées que parler de l'une, c'est raconter les annales de l'autre.

Jouissant, à l'origine, d'une indépendance absolue, la Valachie était dotée des institutions les plus libérales. Ainsi, le Domnu était électif, pris indifféremment parmi toutes les classes et professions, boyars, prêtres, paysans et le reste des citoyens. Dans notre histoire, nous avons un prêtre qui fut élu domnu, un autre qui par sa vaillance parvint au grade de général.

Le peuple, en temps de paix, cultivait la terre, s'occupait de ses intérêts généraux et surveillait l'ordre public. En cas de guerre, tout le monde était appelé aux armes. Le Roumain combattant sous les drapeaux se nommait *boyar*. Le mot *boïu* signifie *guerre* (bellum), et par conséquent, *boyar* ne veut dire que belligérant, guerrier, militaire. Ce titre, tant que la guerre durait, entraînait l'exemption de toutes contributions et charges.

Les grades auxquels on parvenait dans la hiérarchie militaire n'étaient que personnels. Le fils ne pouvait hériter du titre paternel. Et comme tout Roumain était militaire, si l'on servait dans l'administration ou dans la justice, en récompense on recevait un titre toujours militaire.

Par exemple, le maréchal du camp s'appelait *chaträr*, le chef de la cavalerie *grand pacarnik*, le chef de l'infanterie, *capitan de dorobans*, etc. Les mêmes titres pouvaient être décernés à un employé civil. Celui qui passait de l'armée dans l'administration ou dans la justice conservait le grade qu'il s'était acquis dans son service militaire. On voyait des chatrars, des pacarniks, des caminars civils, comme on aurait vu des capitaines, des majors, des colonels, remplir toute autre fonction qu'une fonction militaire.

Partant, tout Roumain ayant un grade est un boyar, un officier. Son fils, s'il ne sert pas, s'il ne peut acquérir aucun grade, n'est pas boyar, de [même que le fils de l'officier n'est pas officier. Il est tout simplement ou tout naturellement fils de boyar, et il rentre dans la masse du peuple. Puis, comme les carrières ont toujours été ouvertes et libres à tout Roumain, on a vu des paysans s'élever de grade en grade jusqu'au titre de grand bano, et la postérité de Mircea et d'autres chefs de l'État, la postérité de tant d'illustres boyars descendre dans les rangs des paysans. Le grand-père des deux domni Stirbeiu et Bibesco a été gardien de chevaux.

C'est ainsi que le pays fut gouverné, depuis Radu-Négru (vers la dernière décade du xiiie siècle) jusqu'à Mircea (1390), libre, indépendant et tenant tour à tour tête aux Hongrois, aux Polonais, aux Tatars, et aux Turcs. L'on conçoit sans peine comment les Valaques, unis aux Moldaves, ont pu résister à tant d'ennemis, former deux redoutables remparts contre les débordements primitifs des hordes musulmanes et empêcher leur invasion en Europe. Les Turcs avaient conquis la Thrace, Byzance, la Bulgarie et la Serbie, et ne s'arrêtèrent que devant la résistance des Roumains. D'où venait leur force principale ? c'est que tout le peuple était boyar ou guerrier, tout le peuple était propriétaire.

Les paysans avaient leurs chefs qui les commandaient en temps de guerre, et les inspectaient pendant la paix. Si le chef avait le titre de caminar, tous les villages ou les paysans commandés par lui s'appelaient *Caminareï*; s'il était clucear, ils s'appelaient Cluceareï, et ainsi toute la contrée se divisait en Vorniceï, Cluceareï, Caminareï, Chatrareï, Pitareï, etc. selon le titre du chef qui les commandait. C'étaient des militaires non soldés correspondant aux gardes nationales modernes.

Mircea organisa encore une armée permanente, la première qui ait paru en Europe à l'époque de la féodalité. Elle était composée d'une infanterie de dorobans sous un général nommé *Capitan*, d'un corps de *ferentari* (ferențarii) infanterie légère, d'une cavalerie commandée par le grand Pacarnik. On distinguait ensuite les *Rossiori, Verdissori...* qui étaient remarquables par leurs uniformes rouges, verts... Le corps formant la garde du chef de l'État était celui des Licteurs (fasciatori, fustatori, fustasci) porteurs de faisceaux.

Puis du mot turc *lufé* ou *léfa*, qui signifie *solde*, en idiôme valaque on donna le nom de *lefecii* aux gendarmes mercenaires.

Par conséquent, dans le xive siècle, la Valachie était, comme nous l'avons dit, un pays indépendant, avec un gouvernement électif représentatif, possédant le suffrage universel, sa garde nationale, son armée permanente, sa police civile, sans priviléges féodaux, sans noblesse héréditaire, et formant un peuple d'hommes libres, tous propriétaires et tous boyars (belligérants).

II.

Les Roumains soutinrent plusieurs guerres contre les Turcs, sans être conquis, sans perdre leur indépendance. A l'époque de Bajazet, pour s'abriter contre ce torrent formidable qui menaçait l'Europe entière, et pour avoir le temps de s'opposer à d'autres ennemis moins redoutables, Mircea conclut avec ce sultan un traité signé à Nicopolis l'an 1393, traité par lequel il mit la Valachie sous la suzeraineté de la Porte, aux conditions suivantes :

« Le pays gardera son droit d'autonomie, avec son Domnu élu par ses habitants, son ministère et sa législation.

» Il aura le droit de déclarer la guerre à ses ennemis et de conclure la paix.

» Il conservera son droit de frapper la monnaie.

» Pour demeurer en paix avec la Turquie, il offrira chaque année à la Sublime-Porte une somme de 3,000 piastres rouges, à titre de *présent*. »

Dans l'espace de soixante années, des discussions touchant ces articles s'étant élevées, Ulad V renouvela le traité avec Mahomet II, et ses stipulations ne sont qu'un éclaircissement ou une extension du droit d'autonomie dont la Valachie devait jouir. Dans ce nouveau traité, on ne tolérait pas des mosquées sur le territoire roumain ; on ne permettait pas aux Turcs d'y acquérir des propriétés, ni de réclamer un Musulman qui aurait embrassé la religion chrétienne en s'y réfugiant, etc.

Depuis lors, toutes les fois qu'il se formait des demandes ou se manifestait des intentions contraires aux droits et aux institutions moldo-valaques, les Domni avec le Peuple entier les soutenaient le sabre à la main. L'histoire nous montre ainsi les guerres de Radu-Trepeş, de Radu-d'Affumati, de Michel-le-Brave, etc. Jamais le pays n'a cessé d'être autonome, soit par le respect de la Porte envers les traités, soit par la défense héroïque des Roumains.

La Valachie se maintint de la sorte pendant une longue suite de siècles et dans des temps où les Turcs étaient l'épouvantail de l'Europe. Pour se défendre avec une telle énergie, le Peuple devait avoir son intérêt; il devait avoir une *Patrie*. Il avait cet intérêt, car, d'après son ordre naturel, tout le territoire était partagé aux paysans par terres communales, et à leurs chefs par terres particulières. Les villageois propriétaires s'appellaient *mosi* ou sieurs, vieillards, d'où le verbe roumain *mos'-tenire*, hériter, tenir de pères. Plus d'un quart des villageois sont restés jusqu'à ce jour des *mosteni*, propriétaires du sol communal, partagé entre les familles.

Les Roumains qui, pour leurs services ou leur courage, recevaient en récompense de la Patrie une terre, en recevaient aussi le surnom. Par exemple, le propriétaire de la terre Gradistea fut surnommé Gradisteanu; celui de Balaciu, Balaceanu; et quelquefois plusieurs donnaient leurs noms de famille à la terre dont ils devenaient propriétaires. Un Philippesco a donné à sa terre le nom de Philippesci, un Rosetti donna dernièrement à une terre qu'il reçut en dot le nom de Rosettesci.

Un nom propre ou une épithète, passé en héritage, recevait la finale en *esçu*, ou en *eiu*, comme : de Nicolas, Nicolescu, de buza (lèvre), buzescu, de albu (blanc), albescu; de stirb (édenté), stirbeiu; de bestia, besteleiu (3).

Des lieux, des choses, des circonstances qui faisaient époque dans l'histoire, et qui rappelaient un acte éminent, un service rendu, donnaient également un surnom au héros, ou à l'employé. Dans une bataille, Etienne-le-Grand de Moldavie perdit son cheval; un soldat, qui était près de lui, en descendant du sien, lui dit : « Tiens, signorie, je me fais taupinière sur la terre, monte sur moi, et enjambe mon cheval. » Etienne, en montant, fut sauvé et gagna la bataille. Appelant ensuite le cavalier : « De Taupinière, lui dit-il, tu es devenu *Movila* (Tumulus). » De cette famille la Moldavie eut des Domni qui la gouvernèrent et ses descendants reçurent le surnom de Movili ou Movalesci (4).

Il n'y eut jamais, répétons-le, rien d'héréditaire, ni le domniat, ni le banat, ni le vorniciat, ni aucun titre, rien, excepté la propriété et le nom de famille. Les villageois propriétaires du sol communal, *câne* de père en fils,

se nomment *căneni*, comme les propriétaires de la terre particulière Gradistea, *Gradisteni*; nulle trace des droits de naissance ou des prérogatives
de noblesse. Le mot *noble* est même inconnu. Il y existe bien une dénomination distinctive de *neam* qui signifie *gens*, et par laquelle on récompense les paysans, les commerçants ou les hommes de métier. Mais il n'y
a pas un notable qui la brigue. Si celui qui l'a mérité se trouve dans leur
classe, il fait tout son possible pour en sortir et pour se débarrasser de
cette dénomination ; l'on n'ambitionne qu'une chose, le titre de boyar,
équivalent à celui d'officier : nom guerrier dans son origine, maintenant il
appartient à tout Roumain qui par son service, ou par l'abus ou la faveur,
s'acquiert un titre quelconque. Toutefois, nous l'avons expliqué, comme
les grades de la hiérarchie, il est personnel, et ne peut se transmettre en
héritage.

On rencontre aussi d'autres noms de famille, qui n'ont point les dé-
sinences roumaines ; ce ne sont pas des familles indigènes, mais des plan-
tes parasites, restes du règne des Phanariotes ou des étrangers établis dans
ces contrées.

Malheureusement, institutions ni peuples n'échappent à la double action
délétère du temps et des influences environnantes ; les meilleurs principes,
abandonnés à eux-mêmes sans sauvegarde et conduits à leurs conséquences extrêmes, enfantent des catastrophes. Placée entre deux vastes courants
opposés dont la force colossale devait tour à tour peser sur elle, l'islamisme et le penslavisme russe, la Moldo-Valachie en fit la triste expérience. Son histoire le témoigne au fur et à mesure qu'elle s'éloigne de
l'époque primitive, comme elle conserve toujours néanmoins des types dis-
tinctifs à travers ses phases diverses et les altérations successives impo-
sées par les événements ou les hommes appelés à en diriger les ressorts;
pour bien l'apprécier, il faut maintenant avoir sans cesse présente cette
observation fondamentale.

Donc l'esclavage de la glèbe et le droit de majorat ne furent également
jamais connus dans les États-roumains. Tout homme, boyar comme paysan,
resta libre de vendre sa propriété, de la partager et de la laisser en héritage, ou de la léguer en donation. Les terres de tant de propriétaires anciens sont aujourd'hui propriétés des monastères, et tant d'autre terres

⸱ut changé de possesseurs. De même que le boyar pouvait vendre son domaine, de même le villageois vendait sa parcelle. Des grands domaines ainsi morcelés successivement sont devenus terres communales, et de plusieurs morceaux des mosteni, en les achetant et en les réunissant, on a pu former des domaines particuliers. Puis de plusieurs donations des particuliers, boyars et non boyars, s'érigèrent de grands domaines de monastères qui possèdent presqu'un tiers du pays, — inféodation cléricale dont nous verrons par la suite les résultats désastreux.

Voilà l'origine des villageois sans propriété, c'est-à-dire non mosteni ou rolétaires, car au commencement tous avaient leurs terres.

Plus tard, durant les longues famines amenées par les guerres fréquentes et par l'état arriéré de l'agriculture, les prolétaires, réduits à la dernière détresse, finissaient par se vendre d'eux-mêmes comme esclaves pour quelques kilos de froment ou de maïs, afin de nourrir leurs familles. Cet usage de pouvoir se vendre provenait de quelques traditions romaines, ou d'une liberté absolue dont jouissait chacun jusqu'à l'abus : liberté d'attenter à sa liberté même. L'on possède des actes ou contrats d'une pareille condition.

En voici la teneur :

« N'ayant plus de quoi nourrir moi et ma famille, dans ce temps de calamité et d'expiation de péchés, et trouvant le sieur tel, qui a bien voulu avoir la charité de me fournir tant en kilos..., en échange, je me suis donné à lui et à ses descendants, moi, ma femme et mes enfants et les enfants de mes enfants à perpétuité, esclaves, etc. »

III.

Dans la dernière décade du xvi⁰ siècle, sous Michel-le-Brave, les villageois ou les paysans de la Valachie se divisaient en propriétaires, en prolétaires libres, et en esclaves qui s'étaient vendus de la manière que nous avons relatée, d'ailleurs encore en petit nombre. Ce Domnu, qui avait livré plus de vingt batailles contre les Turcs, les Tatars, les Battori de Transylvanie et les Arons de Moldavie, et toujours vainqueur, ce Domnu, dis-je, après avoir réuni sous sa domination la Valachie, la Transylvanie et la

Moldavie par les bras et la vaillance d'un peuple libre, eut enfin l'idée de former une Roumanie grande, forte et indépendante, d'en créer un royaume. Mais il oublia les anciennes et belles institutions de son pays, et voulut imiter celles de la Hongrie et de la Pologne, en créant des magnats et en leur accordant des droits féodaux. Par un acte fatal, il soumit tous les paysans non mosteni aux devoirs des serfs, en les attachant à la terre sur laquelle ils se trouvaient, et en les confondant dans la catégorie de ceux qui s'étaient vendus par eux-mêmes. Un acte semblable porta un coup mortel à l'esprit belliqueux des villageois. Deux tiers du peuple n'avaient plus à défendre ni liberté ni foyer. Les boyars, les chefs de l'armée n'avaient plus sous leur commandement des frères d'armes, combattants dévoués aux mêmes intérêts. Ils avaient des serfs ou des étrangers mercenaires.

Cette malheureuse idée vint à Michel après ses victoires, et l'acte maudit fut promulgué un an avant sa mort.

Les Domni, ses successeurs, trouvant le pays dans cet état, ne purent plus soutenir ses droits. Si la Turquie n'opprima tout-à-fait la Valachie, si elle n'en fit pas un pachalik, ce fut un effet ou de la générosité des Sultans et de leur respect pour les traités, ou de la faiblesse dans laquelle son empire commençait à tomber.

En attendant, des pachas rebelles et autres chefs de brigands turcs, qui ne savaient pas reconnaître la foi des traités, franchissaient les frontières de la Roumanie et y commettaient des ravages dont ils rendaient victimes les Turcs eux-mêmes. Ils passaient le Danube, portaient partout le fer et la flamme, et enlevaient les enfants et les femmes, avec le bétail et les biens qu'ils rencontraient sur leur passage. Le pays n'avait plus de défenseurs; les soldats étaient des serfs qui aimaient mieux déserter chez les Musulmans, et la vieille Terra Romana souffrait de plus en plus.

A cette époque, parut Pierre-le-Grand. Sa guerre avec la Turquie encouragea les Valaques et les Moldaves. La religion et l'espérance d'être sauvés inspiraient des sympathies aux Roumains. Cantimir de Moldavie et Brancovano de Valachie firent cause commune avec le Czar contre le Croissant. L'histoire constate les traités de cette alliance (5).

Les Roumains, en effet, n'étaient plus en position de déclarer et de soutenir la guerre; mais ils pouvaient recevoir en frères les Russes, offrir leurs villes comme magasin de provisions, procurer le nécessaire, supporter les charges et les dépenses de la lutte, former un corps auxiliaire de volontaires destinés à remplir les fossés pour préparer la victoire, faire de leurs maisons les asiles et les hôpitaux d'une armée, de leur sol le théâtre des dévastations; et ce fut d'un grand secours dans toutes les campagnes de la Russie, au milieu de contrées ennemies et inconnues. Si l'on eût donné à Napoléon une Moldo-Valachie, avec toutes ces conditions, comme arrière-garde quand il entreprit sa croisade du Nord, Napoléon n'aurait pas succombé, et Napoléon seul nous dirait quelle providence ont toujours été les deux pays pour l'empire moscovite.

Les Roumains accordèrent au Czar ce qu'ils ne lui devaient pas, et le Czar, à la fin de la campagne, abandonna la famille de Brancovano qui subit le martyre à Constantinople, emporta à Pétersbourg celle de Cantimir et d'autres chefs, dépouilla la Valachie et la Moldavie de leurs documents historiques et des hommes les plus capables, et ne conclut avec la Porte que des traités en sa faveur. Les Roumains n'en tirèrent aucun profit, sinon d'avoir dans le Czar un garant de leurs droits, puis un soi-disant protecteur, puis un des plus cruels ennemis et usurpateurs. Mais ce n'était pas le Divan qui empiétait sur leurs droits, ce n'était pas le Divan qui déprédait leur territoire pour avoir besoin d'être garantis contre le Divan. C'étaient les brigands et les rebelles turcs, contre lesquels le Czar ne pouvait rien garantir et rien défendre.

IV.

Dans ses vues de conquêtes, la Russie, aspirant sans relâche au trône de Constantinople, arracha d'abord la Crimée à la Turquie. Puis, pour exercer dans la Roumanie une influence qu'elle n'aurait pu avoir avec les Domni indigènes, par une finesse tout-à-fait moscovite, et par un sentiment de reconnaissance plus que cosaque envers les Roumains, loin de l'entraver, elle poussa la Porte à leur enlever le droit d'élire leurs chefs parmi eux, et à leur imposer des beys phanariotes... Voilà où aboutit le protectorat du Czar! Il engage Cantimir et Brancovano à se liguer avec lui, soulève la Moldavie et la Valachie, puis dévoue l'une et l'autre à la vengeance du Sultan, et au lieu de garantir le plus sacré de leurs droits, il débute dans son rôle tutélaire par exciter la Porte à opprimer les Roumains et à faire le premier pas vers la perte de toute son influence sur eux.

La Turquie, dans sa simplicité primitive, crut qu'elle faisait un pas de plus vers l'extension de son pouvoir. Elle céda en effet la Crimée; mais, de suzeraine, elle se croyait déjà presque souveraine dans la Moldo-Valachie; elle avait, nous l'avons dit, le droit de lui imposer des beys.

Cependant les hommes du Phanar, étrangers et précaires dans ces contrées, ne pouvaient s'en considérer que comme les fermiers. Ils arrivaient pauvres et tâchaient de s'enrichir dans quelques années par toute sorte de spoliations et d'intrigues. Ils divisaient les boyars, s'associaient les uns, persécutaient les autres, et propageaient parmi les employés leur doctrine corruptrice et servile en faisant de tous leurs instruments ou leurs complices. Mais, sachant que la Porte s'armait alors de la hache pour punir jusqu'au soupçon d'injustice, ils se préparaient d'avance un refuge. La Russie le leur offrait toujours en cas de persécution de la part du Divan, et les aidait même très-souvent à parvenir au trône des Hospodars. Aussi les Phanariotes n'étaient que les exécuteurs des plans de Pétersbourg.

✵

Le premier bey nommé par la Porte, sous l'instigation moscovite, fut Maurocordato. Celui-ci, pour affaiblir les Roumains et les mettre à la merci de toute oppression, effaça jusqu'à la dernière trace de milice nationale, et confia le service à des mercenaires Albanais, Serbes, et Bulgares. Le pays avait son droit d'autonomie; Maurocordato s'appliqua soigneusement à en extirper les racines; sous prétexte de soulager les paysans, il abolit les restes de garde civique subsistant sous le nom de Caminareï, Pitareï, etc. Puis, à dessein d'apauvrir et de ruiner les chefs et notables de la nation, il proposa de délivrer tous les serfs attachés aux terres. Les boyars, comme nous l'avons dit, n'étaient pas accoutumés à avoir des serfs, car le servage légal ne datait que de Michel-le-Brave; par conséquent, loin de la combattre, ils applaudirent à cette proposition. Se réunissant avec le Métropolitain, par un acte solennel, signé de tous, ils rendirent la liberté à des hommes primitivement libres, et prononcèrent l'anathème contre quiconque oserait le violer. Ce document mémorable existe encore. Il se base sur la foi évangélique. C'est une des plus belles preuves du double sentiment de religion et de la liberté qui distingue la nation roumaine.

Le Phanariote avait cru, comme nous l'avons dit, affaiblir et ruiner les boyars par cet acte; mais les descendants des Bassarabes, des pieux Négru et Mircea, les descendants de tous ces boyars fondateurs de nombreux monastères et soutiens du Saint-Sépulcre, de ceux qui ont toujours su mourir pauvres et déshériter leurs enfants pour ériger des asiles aux pauvres, à la veuve et aux orphelins, ces valeureux et libéraux boyars, ne voyant qu'un brillant avenir dans l'arrière-pensée du bey, s'empressèrent d'en profiter pour reconstituer une nation d'hommes libres. Ils firent plus, ils dotèrent chaque village d'une portion de terre, capable de nourrir la commune et son bétail. Le villageois ne fut plus redevable envers le propriétaire que de la dîme des produits qu'il tirait du terrain situé hors de celui de la commune.

Ainsi se trouva providentiellement anéantie l'œuvre de servitude scellée par Michel-le-Brave, et le principal fondement de la nationalité rétabli par un de ses machiavéliques ennemis.

V.

De temps immémorial, il existe en Moldo-Valachie parmi les paysans une coutume charitable de secourir les pauvres, les nouveaux mariés, le chantre de l'église et le prêtre, tout homme qui n'a pas de bœufs ou de chevaux. Les jours de fête, tout le village, jeunes gens, filles, hommes, femmes et enfants se rassemblent avec leurs bœufs et leurs charrues pour labourer, ensemencer ou récolter la terre cédée aux hommes ou aux familles hors d'état de la cultiver. Ce travail pieux s'appelle *claca*, c'est-à-dire travail gratuit. Par son bienfait, les pauvres sont soulagés et parviennent à obtenir une récolte, à s'en nourrir et même à posséder progressivement une paire de bœufs, une vache, ce qui les met en état de commencer la vie agricole. Le chantre de l'église et le prêtre jouissent de la claca en faisant appel à la foi des paysans, les autres à leur charité.

A divers intervalles, le propriétaire venait visiter son domaine. Les paysans se présentaient en masse pour le féliciter comme leur voisin et protecteur. Leur visite était accompagnée d'œufs, de beurre et même d'une poule, car le propriétaire faisait aussi des cadeaux aux enfants; sa femme était la bien-aimée pour les femmes et les filles du village : elle leur apportait des rubans, des boucles d'oreilles, des colliers; elle leur apprenait à se parer. Le propriétaire secourait les pauvres; sa femme enseignait à soigner les malades par une espèce de médecine domestique. Leur présence réjouissait les paysans, et le village était toujours disposé à célébrer pour le propriétaire la claca de deux ou trois jours. « Allons, mes enfants, disaient les vieillards, encore une claca pour le pauvre boyar : il n'a pas de bœufs, il n'est pas accoutumé à labourer la terre. » Et la jeunesse, garçons et filles, tout le monde se trouvait prêt; car la claca, c'est une fête. Les autres jours chacun travaille pour soi et en particulier, mais dans la claca tout le village travaille ensemble : l'amant près de sa belle, la fiancée à côté de son fiancé, les nouveaux mariés devant leurs parents réunis; les adolescents rendent le travail riant par leur concours folâtre; le maître musicien du village récite ses ballades, accompagné de son violon; la claca, c'est le travail en groupes tant rêvé par Fourier dans son Phalanstère. Puis, après la claca, on se réjouit, on chante, on danse.

Voici comment les domaines des propriétaires furent cultivés depuis Maurocordato jusqu'à Caragea (1815). Ce bey, en vertu de l'autonomie dont jouissait le pays, dota la Valachie d'un Code civil, qu'on nomma le *Code de Caragea*. Il fut discuté par l'assemblée générale, adopté par une *anaphora* et mis en exécution sans que la Russie eût le droit de s'en mêler.

Ce Code, entre autres obligations, impose la claca envers le propriétaire, comme un devoir de douze journées par an pour chaque paysan non mostean... Profaner la claca, abaisser un sentiment de charité en un devoir de servage, ce fut un scandale pour le paysan comme pour le propriétaire. De 1815 jusqu'à 1831, plusieurs villages ne voulurent pas s'y soumettre, plusieurs propriétaires ne purent s'arroger un droit contraire aux et usages nationaux et à la foi évangélique. Les vieux boyars, les véritables Roumains se refusèrent constamment à profiter de ce droit *maudit* selon leur expression.

Certains nouveaux propriétaires, des parvenus étrangers, comme des Souzo, des Villara, des Linge et des fermiers grecs s'appliquèrent seuls à en tirer bénéfice. Puis vinrent des jeunes gens, élevés hors de leur patrie, comme Bibesco et Stirbeiu ; puis leurs imitateurs et toute espèce de joueurs et parvenus, comme Otetilichano, qui se plaisaient à se croire dés seigneurs en vertu de cette loi, et s'efforçaient de la mettre en vigueur. Le réglement organique, rédigé par Stirbeiu et Villara sous l'impulsion assez respectable des piques des Cosaques, sanctionna le devoir de la claca. Il la doubla même, et, par les abus qu'il tolère, enleva au paysan plus de soixante journées des plus laborieuses par année.

VI.

Revenons à la Russie. D'un côté, elle exerçait déjà son influence dans les principautés danubiennes par les beys phanariotes qu'elle protégeait, et, de l'autre, par les victoires qu'elle remportait toujours, grâce aux secours des Roumains ; elle arracha d'abord, nous l'avons vu, la Crimée à la Turquie, puis la Bassarabie à la Moldavie, — autre acte digne d'un protectorat cosaque. — Elle devint maitresse de tous les ports de la mer Noire et ne laissa aucun point maritime à ces contrées.

Dorénavant le chemin de Constantinople offrait moins d'obstacle. Il n'était pas difficile au Czar, à la première guerre, d'incorporer la Moldo-Valachie à son empire et d'étendre plus fortement sa protection ou son influence en Bulgarie et en Serbie.

Mais la Sainte-Alliance épouvantée par l'ambitieux conquérant et délivrée de lui, après avoir rassuré les parties contractantes par un engagement réciproque, opposa une barrière à toute tentative de conquête. La Russie dut renoncer en apparence à ses projets, et recourut à sa vieille politique. Elle avait acquis la Bassarabie, et sous le masque de la religion, continua à excercer son ascendant perfide parmi les peuples chrétiens de l'empire Ottoman. La Moldo-Valachie se trouvait tout près d'elle, et, pour les Grecs, fixait depuis longtemps ses convoitises. Chaque bey phanariote, en gaspillant les ressources des deux Etats et en trahissant la Porte, obtenait un asile en Russie. Moskou, Pétersbourg, Odessa étaient pleins de Grecs fugitifs de toutes les contrées de la Turquie et de toutes les couleurs : des Capodistrias, des Hypsilantis, des Mourouzis, des négociants, des professeurs, des prêtres, des fainéants. La Turquie, d'un autre côté, était pleine de Grecs, de Serbes, de Bulgares, d'Arméniens même, munis de passeports russes. Par ces hommes, comme sujets moscovites, par ses consuls et les vice-consuls répandus dans chaque ville de la Turquie, par les grands signes de croix dont se distingue chaque Cosaque en entrant dans une église grecque, l'Autocrate de toutes les Russies finit par passer de bouche en bouche pour le messie des Orthodoxes. En Orient était déjà répandue dans toutes les langues, comme une nouvelle Apocalypse, la prophétie d'un certain Agathangel : « Constantin fonda Byzance, Constantin le perdra, et Constantin le renouvellera. » Les uns disaient que *Constantin* était le frère du Czar, le vice-roi de la Pologne ; les autres, que ce sera un autre Czar qui aura ce nom et qui planterait la croix sur Sainte-Sophie ; d'autres plus mystiques révélaient que *Constantin* a la signification de *César*, représentant souveraineté chrétienne *orthodoxe*, qui réunit en lui constance, persévérance et foi, etc., que cette constance et foi appartiennent à tous les czars, et que, par conséquent tout czar est un *Constantin*.

On n'attendait donc qu'une guerre, un moment propice. Tout homme de religion grecque conspirait contre le gouvernement turc. Les hétairies grecques étaient déjà formées partout ; leur centre était en Russie ; Capodistrias, Hypsilanti en étaient les chefs avec le consentement du Czar.

Caragea avait gouverné six années en pacha dans la Valachie ; il fut un fléau pour le pays ; mais en revanche il fut un véritable dey pour les consuls et les sujets russes : les Juifs étaient plus considérés par ce bey que les représentants de Sa Majesté cosaque. Un pareil bey ne convenait nullement à la cour impériale, et grâce aux actes tyranniques de ce satrape et aux raisons que fournissait son gouvernement, la Russie parvint à se débarrasser de lui. Incriminé auprès du Divan, il lui fallut quitter le territoire roumain avant le terme et se réfugier en Italie.

Alexandre Souzo le remplaça en Valachie, et Michel Souzo remplaça Calimaki en Moldavie. — Calimaki, comme fidèle à la Porte, ne pouvait non plus gouverner longtemps. — Sous ces deux beys, l'hétairie grecque, ou plutôt une fraction russe et dégénérée de cette vaste association révolutionnaire, activa facilement sa propagande. Celui de la Moldavie en était le chef à Jassi. En Valachie, A. Souzo jouissait d'un certain crédit auprès de la Porte, et à Bucaresci les hétairistes se recrutaient chez le consul russe ; le secrétaire et le drogman du consulat en étaient les chefs apparents.

En 1821, le génie moscovite lance Hypsilanti dans les deux pays, et la révolution éclate. Théodore Vladimiresco se met à la tête du mouvement valaque, proteste contre l'invasion et les excès d'une soldatesque recrutée à la manière des pirates, s'entend avec la Porte et devient victime de son dévouement. C'était le sort de tous ceux qui avaient eu le malheur d'être fidèles à la Turquie...

Puisse sa politique mieux s'inspirer à l'avenir !

Après la destruction du corps d'Hypsilanti, dont le but fut plutôt le vol, le massacre et le sacrilége, que de se mesurer avec les Turcs, la Sublime-Porte restitua enfin à la Valachie et à la Moldavie le droit d'avoir leurs Domni parmi les indigènes.

VII.

Grégoire Ghica fut nommé Domnu en Valachie, et Jean Stourza en Moldavie. Mais la Russie, suivant son rôle de protectrice garante, ne voulut pas reconnaître cette restitution des droits roumains ; car dans son vocabulaire les mots *chrétien*, *garantie* et *protection*, signifient tout autre chose que de pratiquer la doctrine évangélique, garantir et protéger les droits de ses coreligionnaires. La Turquie se passa de cette non reconnaissance et revint à sa loyauté naturelle. Grégoire Ghica et Jean Stourza gouvernèrent leurs pays respectifs à l'ombre de toutes les intrigues et de la protection des consuls russes ; car, par leur absence d'alors à Bucaresci et à Jassi, ils ne pouvaient entraver les affaires.

Grégoire Ghica élut un comité composé de cinq membres pour rédiger un projet de réformes basées sur les anciens droits et usages, établit des écoles nationales, donna à la langue roumaine les moyens de se cultiver par l'enseignement de la philosophie, des mathématiques et des autres sciences universitaires, réintégra la Valachie dans la possession des monastères fondés et enrichis par la piété de nos ancêtres, et usurpés par la cupidité sacerdotale, forma un corps de pandours pour rétablir la milice civique, et dota le pays de plusieurs autres institutions concernant le progrès matériel et intellectuel.

Cependant, à la suite de l'insurrection d'Hypsilanti fomentée par la Russie et d'une conspiration perpétuelle de cette puissance contre l'empire Ottoman, à la suite de tant d'intrigues sans fin, le sultan Mahmoud, indigné, se vit obligé de lever l'étendard du Prophète et d'appeler aux armes tout Musulman. La Russie ne demandait pas mieux, car c'était une guerre qu'elle recherchait depuis une douzaine d'années, guerre que la Sainte-Alliance ne lui permettait pas d'entreprendre. Dans ce moment, c'est le croissant de Stamboul qui provoque l'aigle du Nord : le Sultan arrache le masque au Czar, et le lui jette à la figure avec toute la dignité du droit.

L'honneur de la Russie est engagé, disait le cabinet moscovite ; le Czar, en s'adressant à ses alliés, ne songe qu'à venger son honneur ; il déclare qu'il n'a aucun projet de conquête ; mais, provoqué, il doit accepter le duel. — Quant à l'honneur, si l'on en a, on a le droit de se couper la gorge ou de se brûler la cervelle. — Suivant son désir, le cabinet impérial eut la permission d'entamer cette guerre, pourvu seulement qu'il la restreignît dans ses justes limites.

Les Janissaires étaient déjà exterminés, l'armée régulière de la Turquie, peu nombreuse et nouvellement recrutée ; néanmoins la Porte entreprit la lutte, car le sultan Mahmoud ne reculait pas. Il tira le sabre et attendit ferme l'approche du Ghiaour. Son fils, le sultan Abdul-Medjid, vient de prouver noblement, dans la question des réfugiés hongrois, qu'il savait montrer au besoin une égale énergie.

Tout le monde connaît la malheureuse campagne de la Russie en 1828. Sans la trahison, seule force du Czar, sans les secours que lui fournirent ces Roumains toujours trompés, la Russie aurait vu tomber son colosse aux pieds d'argile.

Cette campagne coûta à la Valachie plus de 200,000 hommes morts sur le champ de bataille, ou employés comme du bétail à transporter sur leur dos les provisions de guerre à travers les marais et pendant la rigueur du froid, décimés par la famine et contraints à se nourrir de l'écorce des arbres, tandis qu'ils cédaient leur froment et leur maïs à leurs oppresseurs. Cette campagne coûta encore à la Valachie plus de 100 millions en numéraire, sans compter les abus qui enrichirent tant de Russes et de vieux ciocoï pires que les Cosaques, sans compter les provisions fournies à toute l'armée pendant cinq ans.

Après l'apparition des troupes du Czar, G. Ghica ne pouvait plus régner, et la haute cour protectrice y établit un gouvernement provisoire, sous la présidence du comte Palhen d'abord, puis de Zeltouhine, puis du fameux et adroit prestidigitateur, le général Kisseleff.

DEUXIÈME PÉRIODE.

ANNALES CONTEMPORAINES. — INVASION DU POUVOIR RUSSE DANS LES
ÉTATS ROUMAINS.

I.

En 1828, à l'entrée de l'armée russe dans la Valachie et la Moldavie,
la jeunesse roumaine, au sein de laquelle les écoles nationales établies par
G. Ghica et le mouvement de Vladmiresco avaient réveillé l'esprit patriotique, cette jeunesse était encore adolescente et hors de tout emploi public. Parmi les anciens boyars, les uns, vieillis dans les préjugés religieux,
se montraient trop crédules et trop confiants en tout homme qui se pré-
sentait sous le titre de chrétien du rite grec ; d'autres, élevés dans l'école
phanariote, avaient pour maxime : tirer parti de toute circonstance. Ceux-
ci savaient deviner et prévenir les intentions du Moskovite, et briguaient
l'honneur d'en devenir les instruments. Depuis longtemps la Russie avait
les yeux fixés vers l'Orient, et y marquait comme son point de départ les
pays danubiens.

Après avoir fait le premier pas en arrachant la Bassarabie à la Moldavie
et à l'intégrité de l'empire Ottoman, l'heure était arrivée pour elle d'en-
foncer les serres sur la Moldavie et sur la Valachie, soit pour les ravir entiè-
rement à la Turquie, soit pour y étendre plus hardiment son influence.

Le deuxième parti convenait mieux à sa politique astucieuse, car elle
pouvait le masquer aux yeux de l'Europe ; d'ailleurs, comment s'appro-
prier sans prétexte des pays qui ne lui furent jamais hostiles et dont
l'existence reposait sur des traités ? La Turquie même n'avait nul pouvoir
de céder aux Czars ce qui ne lui appartenait point ; elle ne les avait pas
conquis par le droit des armes. Les Roumains s'étaient librement soumis à
la Porte, sous la garantie d'un contrat ; comment le droit de suzeraineté,
sans leur consentement, aurait-il passé à une autre puissance ? Et si la Porte
renonçait aux bénéfices du contrat, la Roumanie rentrait dans sa première
condition indépendante. La Russie connaissait très-bien tout cela, car c'est

d'elle que les Roumains, dans leur simplicité, l'avaient appris. Lorsque ses agents s'efforcèrent de gagner les bons et crédules boyars pour obtenir leurs signatures, ils ne leur chantèrent que leurs *droits éclatants*, en vertu desquels ils avaient le libre arbitre de secouer le barbare joug turc, et de s'attacher au bienfaisant protectorat des Czars très-chrétiens et très-orthodoxes.

Le comité dont nous avons parlé, nommé par G. Ghica pour la rédaction du projet de réformes, fonctionnait déjà, et ses travaux avançaient dans un esprit national et légal : le réglement organique était presqu'achevé. Mais la cour moskovite, dans sa sollicitude toute particulière, demanda qu'un comité adjoint fût aussi élu par la Moldavie pour la représenter ; elle-même désigna les boyars appelés à le composer. Les deux comités devaient se réunir à Bucaresci sous les yeux du général Kisseleff, et, pour qu'ils ne s'égarassent pas hors de l'ornière tracée par le cabinet de Pétersbourg, sa sollicitude *toujours* paternelle leur fit donner pour président le consul russe, M. Mizzaki, homme nourri dans l'école phanariote et impériale, école dans laquelle se distinguent tous ces Greco-Italiens, proprement dits *tahouchans*, race bâtarde assouplie à la vieille corruption qui perdit Venise.

Le *bon* M. Mizzaki, d'accord avec Villara et Stirbeiu parmi les Valaques et avec M. Stouza et compagnie parmi les Moldaves, supprima du projet de réformes arrêté quelques articles et en ajouta d'autres, broda d'or les uniformes des officiers de la nouvelle milice et escamota au pays son droit d'autonomie, en soumettant le pouvoir législatif au contrôle de la Russie et de la *Turquie*, ce qui se résume au contrôle de la première ; car on y enlevait à la seconde toutes ses prérogatives, jusqu'au droit d'avoir son chargé d'affaires, son consul à Bucaresci, comme toutes les autres puissances. Le chargé d'affaires de la sublime Porte dans les principautés, par une concession inouïe, c'est le consul de Sa Majesté Nicolas. Enfin il se trouva que le prétendu restaurateur des États Moldo-Valaques n'avait fait que récrépir et dorer l'édifice dont il sapait les fondements.

L'armée impériale, en déployant sa bannière sur leur territoire, avait fait publier, selon sa coutume, un manifeste où elle promettait aux Roumains, non-seulement le respect de leurs droits, mais des améliorations et un brillant avenir. Pour préambule de ses promesses, d'après sa fidèle tactique, elle commença par imposer un président russe aux deux comités qui allaient travailler à la destinée future de leurs patries respectives. Puis le résultat de leurs travaux, ce projet de réglement organique, devait être soumis à l'examen d'une assemblée générale *extraordinaire* de révision, car le pieux orthodoxe, dans sa loyauté cosaque, ne voulait rien entreprendre arbitrairement.

Depuis la fondation des deux domnies, le président légitime de l'Assemblée générale avait toujours été le métropolitain ; alors le métropolitain était un de ces hommes primitifs qui ne sont pas rares dans ces terres héroïques. Roumain, et Roumain pur, il était élevé dans la vie la plus strictement monacale, loin de la corruption phanariote ; à ses vertus nationales, il réunissait aussi ce courage familier à tous ceux qui ont appris à ne craindre que Dieu. Un tel chrétien ne convenait nullement à l'espèce particulière de christianisme que professe l'empereur de toutes les Russies. Par conséquent, la cour czarienne s'était pourvue à l'avance, et le métropolitain Grégoire se trouvait déjà exilé en Bassarabie, comme coupable d'avoir refusé d'assujettir le clergé valaque à quitter l'autel pour aller transporter les munitions de guerre.

L'Assemblée générale extraordinaire fut convoquée ; mais elle était veuve : son légitime président gémissait dans l'exil. Le gouvernement russe ne pouvait laisser une assemblée sans président, et il nomma le même M. Mizzaki, pour protéger les droits et les priviléges du pays, toujours à sa mode. — Donc cette haute diète roumaine s'ouvrit sous l'influence des baïonnettes tutélaires de la Russie, et sous l'adroite direction du général Kisseleff.

Quelques boyars, qui conservaient les sentiments traditionnels légués par leurs pères, avaient senti les artifices du protecteur insinués dans le projet du réglement organique. Le plus jeune d'entre eux eut la hardiesse de protester contre cette façon d'Assemblée nationale qui n'avait pas, pour la diriger, son président légal, le métropolitain. Ce boyar fut immédiatement livré à des juges militaires ; pourtant, quoique selon la justice russe il dût être fusillé, ou au moins pendu, la clémence du général Kisseleff, pour n'en pas faire un cas trop sérieux, lui épargna un martyre nuisible à la politique czarienne. Le général, qui passait aussi pour un amateur des beaux-arts, traita le courageux boyar en poète, c'est-à-dire en fou, et le fit exiler de la capitale comme un sujet de scandale universel.

Les plus vieux boyars, associés à la protestation, comme le ban Brancovano, le ban Vacaresco, le ban Balaceano et le Vornic C. Campineano, par un de ces miracles qui viennent quelquefois très-à-propos, moururent tous dans le même semestre, avant la clôture de l'assemblée générale : ce n'est pas sans raison que l'empereur Nicolas proclame dans tous ses manifestes que Dieu est avec lui.

Ces boyars furent appelés, au dire des Russes, dans le sein d'Abraham, d'Isaac et de Jacob, et leurs restes mortels ensevelis avec grande pompe et parade ordonnées par le pieux gouvernement de Nicolas, car la religion et les morts sont très-révérés en Russie.

Les morts étaient morts, mais les vivants vivaient encore. Le réglement organique fut discuté et adopté dans l'Assemblée générale, pénétrée de respect pour la mémoire des vénérables défunts. Il restait un seul article qui plaçait le pouvoir législatif sous le contrôle du Czar, comme nous l'avons dit, article dont le sacrilége frappait les yeux. Les vivants pouvaient le comprendre, et par conséquent faire du bruit. On s'arrêta donc par ordre à la dernière page du réglement. — Les livres illustrés se terminent, comme chacun sait, de manière à n'avoir pas la dernière ligne au bas de la dernière page. L'avant-dernier article devait laisser, selon toutes les règles, le quart final de la page blanche ; et, comme les 190 signatures des membres de l'Assemblée ne pouvaient entrer dans ce dernier quart, M. le président Mizzaki s'adressa aux représentants du pays et leur dit dans son mauvais grec *tahouchan* : « *Arcontès*, Messieurs, ayez la bonté d'apposer vos » signatures sur la page suivante, car, vous voyez bien qu'il n'y a pas de » place au bas de celle-ci. » C'était une raison très-naturelle, et les bons boyars, l'un après l'autre, apposèrent leurs signatures, suivant tous les droits de la hiérarchie, sur la page suivante.

L'Assemblée fut close, — le réglement, relié en argent et en or, déposé dans les archives ; — mais la même main, qui avait si bien calligraphié le livre d'or, s'introduisit dans l'ombre des archives, et ajouta sur le dernier quart de la dernière page un *seul article*, très-petit, l'article qui ravit au pays le droit d'autonomie.

II.

Selon le traité d'Andrinople, on devait élire les chefs indigènes des gouvernements des deux États ; la Russie devait retirer ses armées de tout l'empire Ottoman. Mais alléchée par l'acte séparé du traité d'Andrinople et par tous les articles qu'elle avait fait insérer dans le réglement organique, elle se sentait une singulière paresse à rappeler ses troupes des principautés danubiennes. Quant à ces soi-disant princes de la Valachie et de la Moldavie, ils devaient être nommés en vertu des anciennes coutumes et lois, et même en vertu de ce réglement organique par l'élection des représentants du pays. Mais la cour impériale, pour le moment, dans sa sagesse trouva mieux de les désigner elle-même, et de ne laisser à la Porte que le soin de les confirmer.

En conséquence, elle fixa son choix sur Alexandre Ghica et Michel Stourza ; et d'abord ils furent tentés comme Christ par le Diable, qui lui montra le règne de ce monde : elle leur fit espérer ce règne, s'ils livraient leurs âmes entières aux bonnes grâces et aux inspirations de l'Empereur. Et comme ni A. Ghica ni M. Stourza ne pouvaient être tout-à-fait des seconds Christs pour dire : « *En arrière, Satanas !* » dans leur faiblesse humaine et en pauvres pécheurs, ils se sentirent l'appétit de régner. Ils promirent tout ; ils promirent même de demander, après leur installation, quelques divisions de troupes protectrices, sous prétexte de maintenir l'ordre et la paix dans le pays, quand le pays n'avait aucune intention de troubler l'ordre et la paix.

Toutefois, à la suite de l'insistance vive des puissances européennes e particulièrement de l'Angleterre, les principautés furent enfin évacuées par les troupes russes. On nomma les Domni à la manière des beys, sans consulter l'opinion ni le choix légitime des deux peuples. Pour que la Russie s'assurât de tous leurs mouvements, pour qu'il ne restât aux Roumains aucune voie à s'entendre avec la Porte, pour avoir l'œil et la main partout, elle imposa, comme chargés d'affaires moldo-valaques à Constantinople, deux Phanariotes éprouvés, MM. Aristarchi pour la Valachie et Vogoridès pour la Moldavie; elle laissa un autre Phanariote, non moins éprouvé, parmi les Roumains, M. Mavros : il fut établi comme inspecteur général des quarantaines, par tout le littoral. Dans la milice valaque, elle imposa comme chefs Odobesco, Garbaski, Banow et autres officiers subalternes russes ou créatures russes; elle parsema dans les ministères des espions comme un certain Joanidès et autres ; auprès du Domnu valaque, elle intronisa aussi un M. Groumont, un juif renégat, Meyer, une espèce de médecin et passe-partout, et tant d'autres Argus et Minotaures du paganisme moscovite, sans compter les Valaques de l'école phanariote, et tant d'autres Phanariotes pur sang, qui ne se soutiennent dans le pays que par l'influence ouralienne.

Serré de la sorte, le Domnu, surveillé de près dans tous ses actes et discours, dans toutes ses relations, devint une machine du moscovisme, un exécuteur des ordres verbaux du consul impérial.

Le moment donc était arrivé où la Russie devait recevoir le premier service de la part d'Alexandre Ghica. Elle attendait que, d'accord avec l'assemblée générale, il demandât à la puissance protectrice deux divisions seulement de troupes, sous prétexte que les esprits des Roumains, non accoutumés aux nouvelles institutions réglementaires, menaçaient d'être agités et que ces baïonnettes salutaires les tiendraient en repos. Ghica, malgré ses promesses, fut assez intelligent pour voir que, s'il ne pouvait régner à côté d'un consul russe, à plus forte raison il ne serait rien en présence de 24 mille baïonnettes tutélaires. Il déclara que les esprits étaient assez calmes pour lui permettre de prendre sous sa responsabilité la paix intérieure, et avec le plus profond respect il repoussa la proposition bienveillante du paternel empereur Nicolas. Ce refus ne tarda point à être considéré par le cabinet moscovite comme un acte ingrat et traître à la *sainte* cause de la Russie (les causes du Czar ne sont ni plus ni moins que saintes). Dès ce moment, Ghica se mit de lui-même sur la pente de sa chute.

III.

Pour réaliser les plans dont il était l'exécuteur, le consul russe, M. Rükmann, commença par recruter une opposition parmi les ambitieux et les mécontents. Le coryphée en fut M. J. Campineano. Lorsque l'opposition devint assez forte, Rükmann contraignit Ghica à introduire dans l'assemblée nationale la question de l'article intercalé dans le réglement organique. Cet article avait l'apparence de la légalité, mais personne ne le connaissait; il avait besoin d'une publicité solennelle, chose fort périlleuse dans une époque de non-occupation et de volonté libre. Rükmann excitait les passions, les ambitions, et lorsqu'il vit que la publicité de cet article irritait les esprits, il ne manqua point d'encourager le parti antagoniste soulevé directement contre la puissance protectrice. — On connaît la politique moscovite; elle pousse celui qu'elle veut frapper à se rendre l'aggresseur pour avoir le prétexte de l'atteindre dans son bon droit. — Le consul russe avait le dessein d'incriminer l'opposition formée par lui-même, et en inculpant à la fois A. Ghica pour sa connivence avec elle, de susciter une affaire grave à la suite de laquelle devait tomber le Domnu. Celui-ci ne tarda pas à juger sa difficile situation; il se trouvait entre Scylla et Carybde; il s'agissait ou de trahir son pays en s'unissant aux intentions du Czar, en opprimant l'Assemblée nationale par la violence et la corruption, pour lui faire adopter par toutes les formes le susmentionné article, ou de faire cause commune avec l'Assemblée nationale et conséquemment perdre le trône. Il eut le courage de mépriser une couronne flétrie, et sut échapper à la critique de l'histoire comme aux piéges de M. Rükmann.

Ce diplomate pourtant réussit à compromettre l'Assemblée, à l'incriminer et à obtenir le décret qui la dissolvait. Puis, pour démontrer que l'opposition, dont elle nourrissait le germe, ne fut pas provoquée par lui, il se rendit à Constantinople, et il rapporta un firman qui punissait de l'exil tous les chefs du parti opposant, même Campineano son ami, entraîné dans ses rangs par le consul intrigant et corrupteur. Car il avait eu l'art de pousser, selon ses vues, les hommes les plus patriotes pour les renverser, les dénigrer ensuite, et, à force de persécutions, les rendre les premiers champions de la Russie.

Ghica, connaissant toute l'intrigue, se garda de mettre en exécution le firman et personne ne fut exilé.

Les membres de ce parti, révoqués de leurs fonctions et charges sur la demande du consul, persécutés et ignorant les précédentes relations de Campineano avec le perfide diplomate, résolurent de poursuivre leur chemin et de défendre leurs vieux droits. Campineano, indigné, lui aussi, du tour dont il s'était vu victime, ne tarda pas à tirer parti du patriotisme de ces fidèles boyars et se détermina sérieusement à se liguer avec eux ; ainsi d'accord, ceux-ci réalisèrent une somme de plusieurs milliers de ducats et l'envoyèrent, lui, à Constantinople, à Paris et à Londres, pour plaider la cause nationale.

Mais à Constantinople, on ne le reçut point par des motifs assez politiques et assez russes. Puis tout ce qu'il fit en France et en Angleterre fut connu à Pétersbourg ; car le cabinet de Saint-Pétersbourg possède partout des yeux et des oreilles. Comme il revenait de sa mission, Campineano fut arrêté à Vienne par le gouvernement autrichien, — car le gouvernement autrichien fut toujours complaisant pour ses alliés de la Newa et prêt à exécuter les ukases du Czar.

Campineano donc fut conduit par une escorte autrichienne jusqu'aux frontières et rendu aux autorités de la Valachie. Puis, à la suite d'une note du consul russe, il y fut arrêté dans un couvent et retenu en exil.

Cette persécution, contrainte de la part du Domnu, souleva les esprits patriotiques ; et les amis de Campineano commencèrent à conspirer systématiquement pour le délivrer et pour renverser Ghica. Le gouvernement moscovite souriait à cette conspiration, car il voyait sa prophétie calculée sur le point de s'accomplir, et le consul disait toujours que le pays ne serait jamais tranquille sans les baïonnettes protectrices.

En même temps, le vice consul russe de Gallatzi et d'Ibrailla ourdissait (1841) l'hétairie bulgare. Il l'organisait en Moldo-Valachie et renouait ses fils avec la conspiration qui se tramait à Bucaresci contre le Domnu. Le plan était que la révolution bulgare éclatât à Ibrilla, et par contre-coup une autre à Bucaresci. — La chute de Ghica, les désordres causés par la double révolution bulgare et valaque, ne pourraient qu'inspirer un grand chagrin à l'empereur Nicolas. Sa sollicitude devait envoyer sur-le-champ ses troupes tutélaires pour punir les rebelles, rétablir l'ordre et occuper naturellement le pays. Puis, ces troupes qui auraient sauvé la Roumanie, devaient aussi surveiller de près le mouvement futur en Bulgarie, en Serbie et dans la Thrace, et se trouver à portée d'opérer un démembrement de l'empire turc. Dans un pareil cas, la Valachie et la Moldavie occupées ne pourraient tarder à montrer leur reconnaissance envers leur libérateur et à se soumettre volontairement à la suzeraineté ou domination entière de la Russie.

Plan assez ingénieux et digne du cabinet de Pétersbourg ! Mais A. Ghica déjoua ce plan et démasqua le complot : le procès-verbal des conspirateurs fut expédié à Constantinople. Ghica reçut un sabre d'honneur de la part du Sultan. Cette récompense de la Porte fut regardée par l'autocrate comme une déclaration de guerre, un défi, et comme la Turquie n'avait pas l'intention d'engager une lutte armée, par un firman elle ne tarda pas à destituer Ghica pour donner une preuve éclatante de ses sentiments pacifiques envers l'illustre cour du Nord.

IV.

Le successeur de Ghica était marqué d'avance par la Russie ; c'était Stirbeiu, qui l'avait servie avec zèle. Son frère Bibesco, en escamotant le poste, la surprit-elle-même, quoiqu'elle connût ses qualités comme celles du premier.

Bibesco, s'étant fait élire par son adresse, fut confirmé Domnu. Le plan moscovite d'occuper les deux pays, découvert par A. Ghica, ne pouvait plus être mis en jeu. Les Machiavels ouraliens s'imaginèrent d'introduire des colonies russes dans la Valachie. Ils envoyèrent des entrepreneurs pour exploiter ses mines. Le réglement organique ne permet pas leur exploitation sans l'approbation de l'assemblée générale. Bibesco reçut avec bienveillance M. Trandafiroff avec ses acolytes, et le recommanda spécialement à son ministère. Celui-ci conclut avec l'exploiteur russe des contrats, ordonna aux administrateurs des districts de lui prêter aide et protection, c'est-à-dire de forcer les propriétaires des montagnes à subir ses conditions, tout-à-fait dans le sens du communisme cosaque : « Le tien est le mien sans que le mien soit le tien. »

M. Trandafiroff, qui venait prendre possession de nos montagnes pour un terme illimité, avait en outre le plein pouvoir d'appeler de la Russie 4 à 5000 travailleurs ; et si ces hommes étaient des soldats ou des sapeurs déguisés, tant mieux, disait-on, car ils seraient des hommes soumis et disciplinés.

Cet acte arbitraire de Bibesco, cet acte qui violait le réglement organique même, et les procédés impérieux de M. Trandafiroff envers les propriétaires, émurent au dernier point les esprits, et engagèrent l'assemblée générale à interpeller le ministère sur une aussi scandaleuse atteinte au droit public et au droit privé. Elle eut encore la sincérité de se plaindre des mauvaises intentions de la puissance protectrice.

Défendre les droits nationaux et les propriétés particulières, quelle audace ! Bibesco dissout l'assemblée factieuse, et mérite ainsi d'être considéré par ses hauts patrons comme le rare bijou qu'ils n'avaient pas trouvé dans A. Ghica. On lui accorde en conséquence une autorité absolue, sans contrôle, sans assemblée générale, pendant trois années de souffrances pour le pays. Ses parents et ses créatures, sous son ombre, purent impunément vendre les fonctions publiques aux plus offrants, dépouiller les monastères et trafiquer de leurs revenus, pour fournir à la pieuse orthodoxie le prétexte de se constituer leur tutrice. Afin de mieux remplir son rôle destructeur, Bibesco frappa la langue nationale dans les écoles, martyrisa par le ridicule et la persécution les auteurs nationaux, de manière que, plus il s'aliénait l'affection de ses compatriotes, plus il acquérait la faveur du Czar et le droit de gouverner par une main de fer.

Le cabinet de Pétersbourg se réjouissait à la vue de ce gouvernement odieux et anti-national ; car il ne veut que pousser les Domni à commettre toute espèce d'abus et à mériter l'exécration des indigènes, afin que les hommes honnêtes se voient réduits à se jeter entre les bras de l'Empereur : soldats nouveaux destinés à servir ses volontés iniques, ses ambitions sans bornes, au besoin contre la Turquie, quand il jouera contre elle son coup décisif.

TROISIÈME PÉRIODE.

SITUATION POLITIQUE ET MOUVEMENT DES PARTIS. — PRÉAMBULE A
L'HISTOIRE DE LA RÉGÉNÉRATION ROUMAINE.

V.

Cependant la jeunesse Moldo-Valaque mûrissait. La Presse, par intervalle, laissait jaillir quelques vérités. La nation commençait à s'éveiller et les opinions à se former. Les mains faibles d'A. Ghica n'avaient pu empêcher le peuple de maudire, en la souffrant, la tyrannie des Roumano-Phanariotes soutenus par les consuls russes, et dernièrement la main de fer de Bibesco courbait tous les fronts sous un joug insupportable, depuis le plus humble jusqu'au plus superbe. La domination de la Russie n'était plus un problème. Tout ce qui avait le sentiment patriotique se voyait persécuté, proscrit. Le Consul moscovite agissait en proconsul et le Domnu n'était que son *aide-de-camp*, suivant l'expression du consul même.

Alors éclate la Révolution de Février en France; elle produit celle de Berlin, de Vienne et de presque toute l'Europe. L'absolutisme chancelle. Les épidémies sont au moral comme au physique. Les événements se succédaient; les journaux, à chaque poste, soulevaient une vive commotion dans la capitale et les autres villes de la Valachie. La jeunesse, les négociants, les boyars mêmes, le peuple, apprenaient chaque jour des exemples généreux et la souveraineté des peuples. Le système successif des précédents gouvernements, le joug accablant de Bibesco, avaient exaspéré les âmes; les boyars et les notables n'ayant aucun moyen de faire parvenir leurs plaintes à la connaissance de la Porte, ne sachant plus où recourir, commencèrent à prendre foi dans leur force, devant les manifestations triomphantes des nations sœurs. Mais rien n'était encore organisé; pas le moindre symptôme de conspiration. Seulement quelques échanges d'idées, quelques aspirations sympathiques, de beaux rêves sans énergie et sans direction.

La chute du *Metternichisme* à Vienne fut un grand deuil pour le Czar;

il ne voyait que la perte de ses alliés dans toute l'Allemagne déjà constitu-
tionnalisée. Il promit aide et assistance à l'Autriche pour la rétablir dans
son ancien régime. L'élément le plus redoutable parmi les nationalités do-
minées par l'Autriche était celui des Magyars. C'est par là qu'on résolut
de porter le premier coup aux libertés promises par l'empereur Ferdinand.
On arrêta le plan, et le pacte fut ténébreusement scellé entre les deux au-
gustes puissances.

Par une de ces fatalités remarquables dans l'histoire des peuples, les
braves et généreux Magyars, s'exaltant dans leur premier élan de générosité, crurent qu'il était facile de magyariser toutes les nationalités dont se
composait le royaume de la Hongrie. Les Croates, les Slavons, les Serbes
et les Roumains s'irritèrent à ce symptôme de fanatisme. En vain les
héros du Teiss appelaient tout citoyen au partage égal des droits et des
libertés ; les autres nationalités se récriaient que pour être libre, il faut
exister d'abord, et le magyarisme s'efforce d'anéantir toutes les autres exis-
tences nationales pour les absorber dans la sienne. L'astucieuse Autriche
se hâta de profiter de cette division. Son système, mis en relief par le diplomate de la Sainte-Alliance, l'avait depuis longtemps accoutumée à
dompter l'orgueil des puissants par les bras des faibles. On connaît les
scènes sanglantes de la Gallicie ; le cabinet de Vienne se proposa de les renouveler en Hongrie, au cas où les Magyars se refuseraient à exécuter les nouvelles dispositions réactionnaires. Tout est permis aux ty-
rans, le désordre, le pillage, le massacre, la dévastation. Et si les actes de
barbarie ne leur suffisent pas, il descendent jusqu'à la scélératesse, jusqu'à
la calomnie. Ils traitent de rebelles, de communistes, tous ceux qui ont le
courage de défendre la propriété générale et particulière, les droits nationaux et individuels.

Les Roumains de la Transylvanie et du Banat, les Serbiens, les Slavons
et les Croates furent destinés dans le plan teutonico-russe à commencer la
révolte, pour se forger leurs propres chaînes. Mais on ne pouvait clairement
prévoir l'issue d'un mouvement semblable. Il était donc d'une grande né-
cessité que la Moldavie et la Valachie fussent occupées par les troupes
moscovites, pour s'y poster comme un épouvantail contre les Magyars, et
contre tout autre peuple qui aurait secondé leur cause. L'Autriche fut
considérée comme un tonneau dépourvu de tout cercle, et qui va se dissoudre, au cas de soulèvements de ses nationalités diverses. Le Czar résolut

de lui appliquer un cercle assez fort, en s'approchant de ses frontières par la Gallicie, la Bukovine, la Moldavie et la Va'achie, jusqu'à Orsowa où apparaît l'élément slavon, et d'où Jellacici était prêt à donner le signal de l'anarchie *monarchesque*.

VI.

Mais sous quel prétexte occuper les principautés danubiennes? Le cabinet impérial le proposa à Michel Stourza, car il comptait sur la prompte obéissance de Bibesco. Stourza hésita dès le premier mot. Assez riche, il s'était accoutumé pendant plusieurs années à gouverner en satrape. Il refusa.

Des germes de mécontentement couvaient depuis longtemps en Moldavie. Le cabinet impérial fit ourdir par son consul à Jassi une conspiration des grands boyars, jaloux du trône et des portefeuilles. La jeunesse patriote, à son insu, en devint l'organe, entraînée par son zèle et par ses bonnes intentions. Les coryphées conspiraient dans la maison du consul russe, et ce diplomate, pour intimider Stourza et le contraindre à demander les troupes russes, lui déclamait ses grandes inquiétudes et ses soupçons : il l'assurait qu'il se tramait une vaste conspiration, et tout en justifiant et protégeant les conspirateurs, il les lui dénonçait. Le vieux renard démêlait tout et s'efforçait d'échapper au péril par ses propres moyens sans recourir aux baïonnettes protectrices. Enfin les conspirateurs furent poussés des deux côtés aux voies extrèmes. Stourza souhaitait les surprendre en flagrant délit, et le consul tàchait de provoquer un éclat. Alors on appellerait un commissaire russe pour examiner l'affaire et la compliquer de façon à réduire Stourza à réclamer l'entrée des troupes russes, ou à s'en créer un prétexte.

A Pétersbourg, on savait prophétiquement le jour de l'explosion et on envoya d'avance le général Duhamel, afin qu'il pùt se trouver à Jassi dans la première fermentation des esprits.

Le mouvement médité contre Stourza eut lieu le 28 mars. Les *insurgés* (comme Stourza les nommait) furent surpris, vaincus, dispersés, tués, arrêtés, exilés, etc. Duhamel arriva à Jassi sans être attendu. Tout le monde s'étonna de la vitesse de la poste russe..... Duhamel se mon-

trait fort sévère contre l'esprit révolutionnaire, et, en même temps, il menaçait Stourza de dresser une enquête pour découvrir les actes illégaux
qui avaient forcé les Moldaves à se soulever contre lui et de le destituer au
besoin.

Le langage de Duhamel vis-à-vis de Stourza enhardit beaucoup le parti
roumano-phanariote de Bucaresci, lequel avait rédigé une brochure publiée à Bruxelles en 1847. C'était le parti des mécontents hostiles à Bibesco. Il se prépara donc à l'accuser. Le chemin était tracé par cette brochure; elle recommandait le reste des Phanariotes et des vieux boyars
que nous appelons Roumano-Phanariotes, comme les seuls fidèles à la
Russie. Faisant un crime à Bibesco de vertus qu'il n'avait pas, elle le peignait
encourageant la jeunesse et flattant ses rêves d'une nationalité problémati-
que, de l'existence des hommes fabuleux, et insinuait tant d'autres calomnies
qui fournirent de la matière au manifeste de Nesselrode du 19 juillet 1848.

Bibesco, pour démontrer que ses accusateurs étaient une minorité in-
trigante et jalouse, commence à caresser le parti national qui, dès-lors en
grande majorité, avait du crédit et de l'influence. En même temps il
expédie à Jassi Villara, son ministre de l'intérieur, pour sonder les desseins de Duhamel. Celui-ci fit comprendre à Villara qu'il viendra aussi
à Bucaresci pour prêter main-forte au *prince* et le soutenir contre tout
mouvement attentatoire à la dignité du gouvernement, et qu'il étouffera
tout murmure dans des circonstances aussi graves.

Dès que Bibesco reçut cette nouvelle, il se ranima et changea de langage avec le parti national. Il le taxa de turco-philisme et d'ingrati-
tude envers la bienveillance de la Russie; il déclara que la Russie seule
pouvait mettre les deux pays sur le chemin du bien-être et, plus tard,
de l'indépendance. — Qui connaît *le langage de Stirbeiu, son frère, dans
son dernier voyage à Londres en 1848, comprend de quelle source émanent
ces illusions si trompeuses et si fatales.*

Comme nous l'avons énoncé, dans la Valachie jusqu'à ce moment il
n'existait aucune conspiration contre Bibesco ou contre les puissances su-
zeraines et garantes. Il n'y avait que des aspirations vagues vers un avenir
meilleur, des désirs assez ardents vers le progrès, et ces sentiments honnêtes qui poussèrent quelques individus à aller demander au Domnu même
la permission de rédiger et de lui présenter une pétition collective, res-
pectueuse supplique où l'on solliciterait quelques réformes exigées par

l'esprit de l'époque, par les besoins du pays, et conformes à ses devoirs de vassal. Rien ne s'ourdissait dans l'ombre, que les intrigues tortueuses du parti roumano-phanariote.

VII.

Telle était la situation à l'arrivée de Duhamel dans Bucaresci. Fidèle à son plan, il tint sa parole pour gagner tout entier Bibesco. Le métropolitain et le corps des boyars vinrent le visiter, et il les reçut en robe de chambre et le cigare à la bouche. Il apostropha les uns, en leur disant qu'il s'élevait des murmures contre le gouvernement, qu'il les réprimera et prêtera son appui au *prince*. Il ajouta que si la Russie est prête à secourir les gouvernements partout, à plus grande raison elle ne pourra souffrir aucun symptôme agitateur dans les deux pays placés sous sa tutèle. Il annonça enfin qu'il voulait anéantir l'esprit révolutionnaire dans la Valachie.

Lorsque les habitants de la capitale entendirent ces paroles, personne ne pouvait comprendre de quel esprit de révolution parlait cet envoyé de Pétersbourg. On ne soupçonnait que le parti roumano-phanariote, adversaire de Bibesco, et, en effet, ce parti se crut incriminé et pâlit. Bibesco triomphait.

Une protection si généreuse exigeait naturellement de Bibesco un témoignage de gratitude. Le pauvre diable était disposé à tout, à prévenir même, s'il était possible, les intentions et les désirs de Duhamel.

Dès le premier jour, l'envoyé russe demanda qu'on lui donnât une idée exacte de la quantité des céréales qui se trouvaient sur le territoire, et il manifesta sa résolution d'attendre jusqu'à la nouvelle récolte pour en apprécier le résultat. Puis il demanda à Bibesco qu'on lui donnât aussi la connaissance de la quantité de produits nécessaires pour la consommation du pays ; et, pour le surplus, il exigea que l'exportation en fût interdite.

Une semblable demande étonna Bibesco. Elle lui parut une mesure tout-à-fait contraire à la sollicitude et aux vues que professait le commissaire impérial pour imposer la tranquillité, quand elle était parfaite ; cette mesure frappait en même temps les intérêts du propriétaire, du fermier, du négociant et du paysan. Conséquemment il osa exposer à son Excellence qu'il n'avait pas le courage, dans de pareilles conjonctures, d'attaquer directement et de si près les intérêts généraux. Duhamel le rassura, l'exhortant à ne rien craindre, lorsqu'il compterait sur les bonnes grâces et le soutien de Sa Majesté l'Empereur.

Bibesco eut la curiosité de savoir à quoi aboutirait cette mesure.

Duhamel lui certifia que la Russie, toujours bienveillante envers les principautés, veillait sur elles *comme la Providence*, et se préparait à y introduire ses armées pour les sauver d'un mouvement qui pouvait éclater dans le voisinage, par exemple en Transylvanie..., dans le Banat..., ou parmi les Hongrois. Il l'engagea donc à convoquer de suite l'assemblée générale, récemment dissoute par une inspiration peut-être salutaire, pour y reprendre opportunément son siége et réclamer l'entrée des armées impériales sur le territoire roumain.

Ces insinuations prophétiques n'avaient pas de sens possible alors, sinon dans le langage de la diplomatie. Comment la Russie connaissait-elle d'avance un mouvement insurrectionnel en Transylvanie et en Hongrie ? Le cabinet autrichien ne le connaissait pas, et ceux-même qui devaient conspirer ne le connaissaient pas davantage. — Non, c'est contre l'Autriche constitutionnelle que la Russie se prépare... Telles étaient les conjectures de Bibesco à sa première impression ; il augura néanmoins qu'il y avait là quelque chose.

Cependant le Domnu, avec tout son zèle d'être utile à la puissance protectrice, ne trouva pas si commode de gouverner à côté de tant de généraux russes ; il n'y voyait que l'interruption du règne absolu auquel il s'était accoutumé, se considérant comme un roi. Il promit tout ; mais il resta plusieurs jours à réfléchir avant d'exécuter sa promesse.

Duhamel est un homme digne de son maître, sachant peser le poids du ton de chaque *oui* et de chaque *non*. Il commença à soupçonner Bibesco. Celui-ci cherchait les moyens d'éviter l'invasion moscovite, en se procurant des forces nationales pour défendre le pays au cas d'un mouvement de l'autre côté des Carpathes. Augmenter l'armée par la création d'un corps de pandours fut sa première idée. Il fit appeler Maghiero, qui était alors administrateur dans le district de Romanati en Petite-Valachie, homme réputé par sa bravoure. Il lui dit confidentiellement qu'on soupçonnait un mouvement dans la Transylvanie de la part de quelques agitateurs qui auraient l'intention de passer en Valachie, et, pour que le gouvernement fût en état de leur résister sans recourir au secours étranger, il le chargea de l'inspection de tous les dorobans ; il lui enjoignit d'aller s'informer auprès de chaque administration si leur nombre était complet, si leurs armes étaient en bon état, s'ils étaient bien orgnaisés par *caporalies*. Puis il lui manifesta l'intention qu'il avait de lui confier ensuite la formation d'un corps de pandours.

VIII.

Duhamel, voyant l'hésitation de Bibesco à se prononcer décisivement, sentit redoubler ses soupçons, et résolut d'employer à son égard le même artifice dont on avait usé avec Stourza. D'un côté, il chargea M. Mavros de monter une conspiration systématique contre le Domnu. Mavros avait ses alliés, ses amis, ses parents, et initia dans le secret quelques personnes dévouées. Elles reçurent la mission de faire la propagande sans nommer le moteur ; d'un autre côté, il envoya des espions russes, comme Joannidès et un Ghica, aux hommes du parti roumano-phanariote pour les encourager. Ces messagers insinuèrent à ceux-ci qu'il fallait aller visiter encore le commissaire impérial. « Ne désespérons pas, disaient-ils, tâchons de lui apprendre ce qui se passe dans le pays sous le gouvernement du *Fou*. » — Les Roumano-phanariotes appelaient ainsi Bibesco. — Ces boyars ne tardèrent pas à se rendre chez Duhamel. Le commissaire russe les accueillit très-poliment cette fois, et leur expliqua que, dans les premiers jours, il n'avait pas voulu à la vérité recevoir des plaintes et des accusations contre Bibesco, mais qu'à la suite de son séjour, s'étant assuré que le *fou* avait dévié du chemin réglementaire, ces messieurs pouvaient très-bien exposer leurs griefs et réclamations par la voie légale, en désignant tous les abus de son gouvernement. L'Empereur, ajoutait-il, leur rendrait sévèrement justice. Puis, en passant, il leur recommanda de s'entendre avec certaines personnes, parentes de M. Mavros, en les signalant comme très-douées des moyens propres à manier la plume et les *affaires*.

La conspiration, formée dans la maison de Mavros, se propageait et acquérait des adeptes à divers degrés. Parmi les cercles des boyars, on avait déjà commencé à sentir les mouvements et le but de cette association organisée dans le consulat russe. Les chefs du parti roumano-phanariote, comme A.

Ghica (l'ex-ministre), C. Cantacuzène, C. Souzo entrevirent une lumière dans la recommandation que leur fit le commissaire impérial : ils soupçonnaient de conspiration les personnes recommandées, et, par conséquent, ils furent presque convaincus que le complot était ourdi sous l'inspiration moscovite. Ils connaissaient déjà celui d'Ibraïlla dont nous avons parlé, et ne tardèrent pas à montrer une magnanime audace. Comment, avec leurs principes, seraient-ils restés en dehors d'un complot *privilégié* contre les persécutions de la police?

Le parti russe et celui des Roumano-phanariotes se fondirent donc par leur nature dans un seul.

Les événements s'aggravaient au centre de l'Europe. Chaque poste apportait des nouvelles importantes. Les programmes des constitutions, que les peuples proclamaient à l'envi, étaient une école pour le peuple roumain. Chaque camaraderie, chaque profession, chaque métier, chaque corporation devenait une centralisation partielle d'individus qui rêvaient des améliorations dont ils sentaient de plus près le besoin. Les professeurs, les étudiants, les imprimeurs, les libraires, les relieurs même souhaitaient voir abolir la censure arbitrairement établie, entrave si préjudiciable à une industrie où tant d'individus, dont l'État avait la charge, pourraient puiser honnètement le pain nourricier. Les commerçants éprouvaient depuis longtemps le besoin d'une banque nationale, tant de fois demandée et proscrite par les diplomates czariens, et les barbaries commises par la police leur faisaient désirer la garantie de leurs personnes et de leur honneur devenus le jeu et la proie de chaque sbire. Les boyars, témoins et victimes de toutes les corruptions électorales, appelaient plus sérieusement l'heure d'anéantir une influence aussi oppressive dans la nomination des députés et des fonctionnaires publics. Chaque centralisation, suivant ses besoins et sa méthode, se créait une projet de constitution, sans avoir la hardiesse de le propager en dehors de son cercle. Les partis ne pouvaient se connaître et ils ne connaissaient point ce qui se passait dans le consulat russe et dans la maison de Mavros.

Sur ces entrefaites arrivèrent quelques jeunes gens roumains de Paris, qui avaient été les témoins de la proclamation de la République fran-

çaise en février. Ils se pressèrent d'accourir à Bucaresci pour juger quels
étaient les éléments de la Valachie et quelles chances favorables s'y of-
fraient pour entreprendre un mouvement national vers une voie de progrès.
Ces jeunes gens, d'un côté enthousiasmés par ce qu'ils venaient d'admirer en France d'où les encourageaient des hommes assez influents, d'un
autre côté étrangers à toute ambition, sans famille, ne craignaient pas de
manifester plus hautement leurs principes et leurs projets. Les conspirateurs privilégiés par la Russie avaient aussi le même courage. Mavros et
compagnie clamaient à haute voix leur grand patriotisme, leurs sentiments
honnêtes et libéraux, leur haine contre les abus, et particulièrement leur
désapprobation *loyale* de tous les actes de Bibesco. Nous dirons plus tard
ce qu'est M. Mavros : mais à le voir, lui et ses adeptes, à les entendre,
il n'y avait nulle différence entre le parti russe et celui des jeunes gens
arrivés de Paris, sinon que ces derniers, comme plusieurs du parti national, étaient assez souvent attaqués par la police, tandis que la police
n'osait hasarder aucune observation aux amis de M. Mavros, de Kotzebue
et de Duhamel, ni même aux hommes initiés par les bons amis et parents
de Mavros.

Pourtant quelquefois, lorsque la propagande et les déclamations se faisaient trop ouvertement, M. Mavros ne manquait pas de recommander la
prudence.

Ces jeunes néophytes révolutionnaires, en proie à mille persécutions, ne
se lassaient pas de tenter tous les moyens pour atteindre leur but. Dans
leurs recherches, ils ne découvrirent personne de plus intrépide que ceux
qui étaient mus par les leviers de la Russie. Le courage, ou mieux l'imper-
tinence de ceux-ci parut du patriotisme à la crédule jeunesse; trompée
par l'apparence, elle leur donna la main.

Le commissaire russe recevait des rapports quotidiens; il était instruit
de tout ce qui se passait, et plus la conspiration grossissait par la réu-
nion des partis, plus il pressait Bibesco de réclamer l'entrée des troupes
russes, attendu qu'il *sentait dans l'air une conspiration, une révolution*.
Il n'en dénonçait pas les organes et ses complices; mais il insistait pour
arrêter, exiler et pendre même des hommes dont le crime n'était que d'ê-
tre étrangers au mouvement fomenté par ses propres ruses. Il exigea la
suspension du *Courrier Roumain* (6), qui tenait un langage ferme, calme et
national, s'efforçant d'éclairer les masses pour qu'elles ne devinssent pas

la proie des intrigues étrangères, puis de l'anarchie, selon le vœu du cabinet russe ; car, au cas où Bibesco ne consentirait pas à l'occupation, le cabinet protecteur rêvait le désordre, l'anarchie, pour avoir le prétexte de venir *légalement* rétablir l'ordre.

En ce moment la conspiration touchait à son dernier terme ; il ne restait qu'à régler la marche du mouvement. Le parti russe n'était pas nombreux. Il formait, pour ainsi dire, un état-major sans soldats. Puis son intention était, si Bibesco persistait dans son refus, de ne lever l'étendard que vers la fin du mois d'août, lorsqu'aurait éclos le mouvement commencé en Hongrie par Jellacici et par les populations slavonnes et roumaines. La Russie en tirerait un motif doublement plausible pour faire entrer ses troupes dans la Valachie, les y camper avant une intervention des autres puissances, les hiverner et posséder ainsi dans le printemps, au moment d'agir, le point stratégique du départ.

Les jeunes révolutionnaires s'accordaient pour l'emploi des moyens extrêmes ; mais, impatients, ils voulaient engager sans délai la lutte, soulever les villages, puis les arrondissements, puis les districts, puis le pays entier, soulever les prolétaires contre les propriétaires, détrôner Bibesco, et prendre les rênes du gouvernement. Les Russes souriaient ; les Roumano-phanariotes qu'on nomme aussi vieux *Ciocoi* n'avaient pas le courage de se présenter armés dans les rues, et ils redoutaient encore, avec raison, de déchaîner les paysans ; car ils ne savaient par quels moyens les calmer et les retenir, quand une fois ces masses aveugles mesureraient leur force. On se proposa donc de tenter la milice. Le parti russe avait déjà initié le chef de l'armée roumaine, Odobesco ; celui-ci avait de même initié Salomon, qui commandait le régiment en garnison dans la capitale. Leur mission était de décider les soldats à ne pas tirer sur le peuple pour réduire Bibesco à invoquer le secours russe. C'était une mission secrète inconnue aux deux autres partis. En conséquence, la faction impériale fut d'avis de laisser à l'écart Odobesco et Salomon ; car, disait-elle, la révolte des chefs militaires serait d'un mauvais exemple ; elle proposa d'essayer d'initier d'autres officiers.

Quelques-uns, parmi les jeunes gens venus de Paris, se chargèrent de cette mission, parce qu'ils avaient déjà entamé dès leur arrivée, quoique sans succès, des ouvertures à cet égard. Ils renouvelèrent la tentative, et cette fois s'entendirent avec plusieurs chefs depuis longtemps disposés à servir le parti national contre les intrigues étrangères, et à soutenir le **Domnu** s'il se mettait à la tête du mouvement pour sauver le pays d'imminents malheurs.

IX.

Ces trames multiples se nouaient en Valachie, lorsque Tala'at-Efendi, le commissaire turc, se trouvait encore à Bucaresci. Il voulait connaître les hommes et les choses; mais, surveillé, espionné dans tous ses actes, par les sbires de Saint-Pétersbourg, il n'était approché que par le parti russe, par celui des Roumano-phanariotes et par quelques-uns des hommes de Bibesco. Tout autre, qui aurait essayé de lui parler et de s'entendre avec lui, se serait vu infailliblement persécuté et arrêté. Personne n'osait se compromettre vis-à-vis de Duhamel.

Enfin Héliade et les frères Golesci, membres influents du parti national (7), se décidèrent à tout risquer et à le voir. Mais alors il n'était pas en état de pénétrer ce qui se passait en Valachie; même aujourd'hui, nous sommes certains que beaucoup de choses lui sont restées inconnues, tant la Russie avait pris toutes les précautions pour ériger un mur de fer entre la Moldo-Valachie et la Porte !

« — Comment, demanda le commissaire turc, vous n'êtes pas contents de votre *Prince*, élu par vous?

— Qui vous a dit cela, Excellence?

— Tous les boyars qui sont venus me visiter. J'aperçois ici deux partis; les uns se déclarent contre le Prince; les autres, ses parents et ses *ciraks* (créatures), s'en montrent très-satisfaits; cela signifie que presque tout le monde en est mécontent. Vous, de quel parti êtes-vous?

— Nous ne sommes ni les parents du Prince, ni ses ciraks, ni ses adversaires; nous ne sommes ni ses amis, ni ses ennemis. Nous sommes les amis de l'ordre : peu nous importe à nous qui règne, Bibesco ou Ghica. Nous voulons l'ordre, le respect au pouvoir et aux lois.

— Mais... qui veut troubler l'ordre? qui ne veut pas respecter le pouvoir et les lois?

— Les partisans de l'état actuel, où tous les principes sont bouleversés.

— Je ne vous comprends pas; expliquez-vous mieux.

— Pour avoir l'ordre, il faut reconnaître un principe ou un chef. L'on ne peut servir deux maîtres rivaux. Nous avons un prince, et nous voyons un consul qui le paralyse sans aucun titre, sans être reconnu par aucun traité ni par aucune puissance. Nos pères ont souscrit à la suzeraineté de la Porte et à sa protection pour nos droits, et nous voyons la Russie qui prétend nous imposer sa souveraineté. Avons-nous cessé une seule fois de payer notre tribut à la Porte? pourquoi ferme-t-elle les yeux? — Est-elle, oui ou non, notre véritable protectrice sous la garantie de nos droits imprescriptibles? — Tout est confondu; jusqu'au dernier des employés du consulat, jusqu'au dernier des sujets russes, jusqu'au dernier des sbires et des espions moscovites veut passer pour plus que le Czar.

Or, nous avons nos traités, nos lois, et ceux qui sont nés et nourris dans la religion des lois et des traités sont les plus persécutés, les plus malheureux. Sommes-nous les vassaux du Sultan, ou les sujets du Czar? Quand ces deux questions seront éclaircies, nous aurons l'ordre. Aujourd'hui, c'est l'anarchie; nous en craignons les suites.

— Qu'est-ce que vous craignez? Est-ce qu'on est ici à la veille d'un mouvement?

— On prépare ce mouvement, et les hommes qui s'efforcent de l'empêcher sont persécutés.

— Mais vous, quelles intentions avez-vous? Je vous juge des hommes sans passions, soumis à la raison et doués de bon sens. Soyez tranquilles et calmes; ne vous mêlez de rien.

— Nous ne nous mêlons de rien; c'est justement pour cela que nous sommes persécutés. On nous oblige de prendre parti. Si nous sommes forcés d'agir, nous agirons, Excellence, pour renouveler nos anciennes et légitimes relations avec la Sublime Porte, relations paralysées par le réglement organique. Nous agirons pour défendre l'ordre et préserver le pays de nouveaux désastres. Le peuple connaît les hommes qui l'ont toujours servi. L'anarchie moscovite sera repoussée ou vaincue.

— Mais qu'est-ce que vous entendez toujours par l'anarchie?

— Nous l'avons dit; l'ordre consiste à reconnaître un principe ou un chef légitime, et à respecter les lois. Or, pour bien vivre en Valachie, dans l'état actuel, il faut être l'ennemi du Sultan, notre chef par la foi d'un libre contrat, mépriser le prince élu ou le contraindre à se servir du knout, fouler aux pieds les lois, se rendre l'esclave ou l'espion du consul russe; si cela s'appelle ordre, nous ne sommes pas d'accord. Nous l'appelons anarchie, et nous craignons une anarchie plus terrible qu'on nous apprête dans l'ombre... »

Le commissaire turc resta longtemps pensif, comme pour donner un autre cours à la conversation, puis il reprit :

« — Mais... vos opinions politiques, quelles sont-elles ? Etes-vous libéraux ou aristocrates ? êtes-vous monarchistes ou républicains ? car, voyez-vous, les idées qui fermentent maintenant dans l'Europe, ne sauraient être tolérées dans les Etats du Sultan... non pas tant les idées, mais les formes sous lesquelles on les présente.

— Nous savons très-bien que le gouvernement de l'empire ottoman est progressiste, car l'Islamisme est basé sur la loi éternelle de l'égalité. Quant à nous, nous ne sommes pas aristocrates, car les Roumains n'ont jamais connu une aristocratie, et si le pays avait eu des lois ou des traditions aristocratiques, le prince d'aujourd'hui ne serait pas le chef de l'Etat... Nous ne sommes non plus des monarchistes, car vouloir un trône héréditaire en Valachie, serait conspirer contre nos lois, contre la suzeraineté de la Porte. Nous ne nous proclamons pas davantage démocrates, car aucun Valaque ne connaît ce nom, et nous ne voulons pas chercher des mots, nous voulons des faits. Nous sommes Roumains, et Roumains purs, tels que nos pères ont été, lorsqu'ils ont conclu les traités avec la Sublime Porte ; nous voulons conserver nos droits reconnus et respectés par la Turquie, lorsqu'elle était au zénith de sa grandeur, reconnus par la Russie elle-même, leur sourde destructrice. Nous voulons conserver notre autonomie, notre droit électif, nos lois et coutumes anciennes. Nous sommes, Excellence, *conservateurs*,— car il faut conserver ce qui est bon. — Nous voulons conserver, respecter et soutenir les droits de tous, de la Valachie en général et de chaque Roumain en particulier. Notre point de départ, c'est l'autonomie du pays, et la suzeraineté de la Porte.

— C'est bien ; mais je vous conseille d'être tranquilles et *prudents*.

— Nous ne demandons pas mieux ; mais on ne nous laisse pas tranquilles. Le prince nous persécute, et peut-être qu'il a néanmoins la conviction de notre loyauté ; peut-être qu'il est contraint de nous persécuter....

— Je parlerai au prince.

— Nous vous en prions beaucoup, Excellence.... car il dépend du prince de maintenir la tranquillité... »

XI.

Trois jours après cette conversation, Tala'at-Efendi partit pour la Moldavie, et le lendemain de son départ, l'un des trois interlocuteurs eut la certi-
tude que le prince était contraint par Duhamel à le faire exiler ; il fut menacé même d'être envoyé aux travaux forcés des Salines. Ce fut alors que les
chefs du parti national se décidèrent à organiser un accord général entre
tous les patriotes, jusque là simples spectateurs et prêts à s'opposer à toute
tentative de mouvement anarchique. Ce fut alors qu'ils se déterminèrent à
opérer une surprise, à confondre et paralyser ce Méphistophélès (8) matériel
et massif que l'enfer du Nord avait vomi sur la Valachie, comme un type
rare du génie moscovite. — Admirable diplomate ! les Roumains, en le
voyant, s'étaient écriés : Voilà l'ours ! et les Tzigans le saluèrent par un
charivari, en faisant exécuter sous ses fenêtres la danse de l'ours et en lui
chantant la ballade du grotesque animal.

Mais le parti national, il faut le dire, n'était plus un parti, c'était la nation entière. Les grands boyars, sauf les Roumano-phanariotes, les boyars
de la seconde et troisième classe, les négociants, le clergé, les professeurs,
les hommes de lettres, les artistes, la jeunesse, les paysans, tous ces hommes désiraient des réformes salutaires par la voie légale, des améliorations,
et l'extirpation des abus ; mais, avant tout, ils désiraient l'ordre ; ils redoutaient l'anarchie. Dès qu'ils sentirent que la Russie complotait contre
leur repos, ils ne firent qu'un seul corps, et leurs chefs, ou mieux leurs représentants, se retirèrent dans la petite Valachie pour donner le signal de
la guerre contre le perturbateur, l'anarchiste moscovite, et pour défendre
la paix publique en conviant tout le monde au festin de la patrie.

Leur proclamation, publiée à Islaz le 9 (21) juin 1848, expose leurs principes et leurs sentiments. Ce n'était pas de détrôner Bibesco, car ils l'in-
vitaient à se mettre à la tête du mouvement sauveur ; ce n'était pas
de lever l'étendard de la révolte contre la Turquie, car ils lui restèrent fidèles jusqu'à la fin, malgré toutes les injustices qu'elle fut forcée de
leur faire ; ce n'étaient pas non plus des tendances au communisme, comme
l'a prétendu la calomnie, ni l'imitation de certaines idées extrêmes

de l'Occident, car les bases de cette proclamation sont les suivantes :

« Respect à la propriété;

» Respect aux personnes;

» Avantages généraux sans dommages pour aucun citoyen;

» Il est injuste que la majorité soit la proie d'une minorité;

» Il est odieux que la minorité soit la proie de la majorité. »

Le mot d'ordre de tout le mouvement fut :

« Justice. — Fraternité. »

Toute la constitution (9) ne se base que sur les anciens droits et les anciennes coutumes qui ont gouverné le pays jusqu'à l'an 1828. On vient de parcourir l'histoire des droits de la Valachie, de son gouvernement normal, sans cesse dénaturé par les infâmes intrigues russes, et on verra qu'il n'y a rien de nouveau dans cette constitution. Si elle a paru trop libérale aux yeux des monarchistes, la faute n'en est pas aux Roumains d'aujourd'hui, mais à leurs ancêtres, à leurs pères qui se sont donné ces lois et se gouvernèrent par elles pendant tant de siècles; la faute en est à la Porte qui les a reconnues et respectées pendant tant de siècles; à la Russie, qui, depuis Pierre-le-Grand jusqu'à nos jours, les a elle-même reconnues officiellement, au lieu d'exterminer comme criminelle toute cette race de Roumains devenus chrétiens d'après la lettre de l'Evangile. Les Roumains ne se sont appelés ni démocrates, ni socialistes, ni monarchistes, ni aristocrates, car ils ignoraient ce que sont ces choses-là; ils se sont levés pour défendre et conserver leurs biens généraux et particuliers, soutenir l'ordre menacé, l'ordre établi sur leurs relations légitimes avec la Turquie. Voilà leur mouvement! voilà leur crime!

Bibesco, après avoir signé *librement* la constitution, — car le peuple qui la lui demandait était sans armes, — après avoir gouverné deux jours en véritable Domnu roumain, intimidé par Dubamel, abdiqua la couronne et la gloire d'être le sauveur, le régénérateur de sa nation.

Le commissaire russe, déjoué dans ses vues anarchiques, et voyant Bibesco revêtu d'une vigueur nouvelle acclamé et adoré par le peuple, affranchi de ses vieilles entraves, comprit le danger ; car le Domnu pourrait soutenir désormais l'ordre par la seule force morale, et renouant les liens primitifs avec la Porte, couper aux Russes tout espoir d'envahir la Valachie. Il employa donc son art à démoraliser ce pauvre potentat énervé, et lui fit abandonner la terre roumaine pour se rendre en Transylvanie sous l'illusion trompeuse que dans quelques jours il sera réinstallé.

X.

Duhamel se flattait qu'à la suite de cette abdication, il serait facile de composer un gouvernement provisoire d'hommes vendus à la Russie, de les amener à ses vues, c'est-à-dire à reclamer son intervention, sous prétexte qu'ils ne sont pas en état de maintenir l'ordre. Mais le peuple, qui voyait très-clair et connaissait déjà ses intentions, se choisit pour gouvernants des hommes dévoués à sa cause et à la Turquie.

Duhamel passa incontinent en Moldavie, et les hommes qu'il avait laissés à Bucaresci essayèrent de renverser le gouvernement populaire ; le troisième jour après leur installation, ses membres furent arrêtés par Odobesco et Salomon ; en un quart d'heure ils furent délivrés par le peuple, et à leur tour les deux malheureux traîtres, saisis, arrêtés et destinés à être jugés tant pour leur attentat contre le gouvernement que pour avoir fait assassiner onze individus.

Dans les dix jours suivants, les hommes du parti russe ne se lassèrent pas de tenter un nouveau coup. Ils répandirent dans la capitale le faux bruit que les Russes avaient franchi la frontière de la Valachie ; ils s'entendirent avec tous les Roumano-phanariotes, et avec un petit nombre de réactionnaires, ou de jeunes gens trompés, les premiers répandus dans la milice, et les seconds, insinués au centre même du gouvernement. Ce bruit découragea le peuple et enhardit la réaction. Le gouvernement, pour éviter des scènes sanglantes, pour n'être pas obligé de sévir contre ses ennemis, se décida à tranférer son siége dans Tourgoviste, l'ancienne capitale et résidence des Domni.

Les Roumano-phanariotes profitèrent de son absence, et formèrent en hâte une soi-disant *caimacamie*, composée parmi eux. Elle ne put durer vingt-quatre heures. Le peuple la chassa sans tirer d'autres représailles, et rappela son gouvernement qui sut rassurer les esprits et maintenir l'ordre, jusqu'à l'arrivée de Suleyman-Pacha.

Ce digne et véritable Turc, après s'être informé de l'état des choses, pour rendre patente la fidélité des Roumains, n'eut d'autre marche à proposer que de dissoudre le gouvernement provisoire et de procéder à l'élection d'un autre gouvernement, composé de trois membres pris parmi les ministres sous le nom de *lieutenants-princiaires*, et le peuple, pour donner une nouvelle preuve de sa loyauté, obéit ; la lieutenance fut élue, sans aucun mélange des hommes du parti russe. Le nouveau gouvernement fut reconnu au nom du Sultan, et, sur l'invitation de Suleyman-Pacha, tous les réprésentants des puissances étrangères entrèrent en relation avec lui.

Parmi le corps diplomatique, il ne manquait à Bucaresci que le consul russe. La lieutenance adressa aussitôt une note à Suleyman-Pacha, en le priant d'intervenir pour faire rentrer le représentant de la Russie à Bucaresci, et l'inviter à reprendre ses relations avec le gouvernement roumain. Mais ce consul, d'accord avec Duhamel, avait d'autres affaires à Galatzi, en Moldavie, et la sécurité publique de la Valachie lui importait peu. Il y complotait dans l'ombre avec MM. Mavros, Georges Philipesco, et certain Souzi, pour agiter les esprits, préparer des massacres et compliquer les affaires, comme un véritable représentant de la puissance protectrice et des sentiments paternels et cosaques de l'empereur Nicolas.

Par l'installation du nouveau gouvernement valaque, la Russie perdait toute espérance d'y voir des hommes avec qui elle pourrait se concerter suivant ses desseins, comme elle avait déjà vainement essayé de le faire avec le gouvernement provisoire, avant l'arrivée de Suleyman-Pacha (10). Epuisant enfin toutes ses ruses diplomatiques, elle s'appliqua d'un côté à se servir de la démagogie à Bucaresci pour provoquer la guerre civile et incriminer la lieutenance, et de l'autre à insister par toutes sortes de menaces auprès du divan pour rappeler Suleyman-Pacha et envoyer Fuad-Efendi comme son remplaçant. Ce dernier, d'accord avec Duhamel et avec une armée turque de 16,000 hommes, devait rétablir l'ordre en Valachie.

Mais l'ordre légal, conservé par les Roumains, a lui seul tenu en respect pendant trois mois les troupes russes, sans qu'elles tentassent d'y pénétrer. La Russie en cherchait par tous les moyens un prétexte, et la Valachie ne le lui a pas fourni. Par une faute grave, selon nous, il fut réservé, à Fuad-Efendi de lui procurer ce prétexte par le déplorable conflit de la caserne de Spyro. Car, si la Porte avait gardé ses troupes sur le Danube, la cour impériale n'aurait pas osé impunément violer en *protectrice* les droits des Roumains.

Ce conflit néfaste, qui mit aux prises les soldats turcs avec la milice valaque et nécessita leur entrée à Bucaresci, autorisa en même temps le général moscovite à exécuter la sienne, comme garant et coassocié dans le protectorat. — Premier acte décisif du plan czarien. Vainement ensuite Fuad-Efendi voulut protester. Une lettre, expédiée aussitôt par Duhamel à Lüders, le conjurait d'arriver en toute hâte : « Le moment est venu, disait-il, de posséder l'Orient et de menacer l'Occident. » L'administrateur du district de Buzeo, qui avait surpris cette lettre, fut condamné aux travaux forcés. — Et le vautour de l'Oural s'abattit, les serres étendues, sur la proie qu'il convoitait depuis si longtemps.

CONCLUSION.

Voilà le protectorat russe depuis 1828. Les représentants des puissances européennes en Valachie ont été les témoins oculaires de tous les faits que nous venons de mettre en évidence. L'Autriche devait s'inquiéter davantage de contenir cette influence usurpatrice pour les Roumains, nuisible pour l'Europe, et fatale pour elle ; car la vieille Terra roumana se trouve au centre de toutes les populations roumaines et slavones de la Turquie et de l'Autriche. Déjà, de longue date, elles sont travaillées par les popes en faveur du Czar, le calife du fanatisme moscovite. L'Autriche, avec raison, a toujours été soucieuse de ce soi-disant protectorat, et toujours elle a surveillé la marche de sa politique dans les Principautés danubiennes. Mais son dernier consul, M. Timoni, payé depuis vingt ans et décoré par l'autocrate, ne fut, dans cet espace de temps, que le valet sous toutes les formes du consul russe. Jamais le cabinet autrichien n'a eu des rapports exacts de ce qui se passait sur notre territoire.

En envoyant, comme consul général et agent à Bucaresci, M. A. Billecocq, homme qui avait rempli sa longue carrière diplomatique auprès des premières cours européennes, la France donna dernièrement une preuve qu'elle songeait à fixer son attention particulière sur ces contrées, ou plutôt sur la politique czarienne en Orient. Mais la France était dégénérée dans son gouvernement et affaiblie dans sa politique extérieure ; en se mêlant plus sérieusement aux affaires de la Moldo-Valachie, elle ne fit qu'empirer son sort. Plus le consul français prétendait soutenir l'honneur et la dignité de sa nation, au nom de ses belles prérogatives en Orient, plus la Russie redoublait d'efforts et d'énergie pour démontrer qu'elle y est maîtresse absolue. En vain M. Billecocq appliquait son zèle et son intelligence à pénétrer toutes les cabales, tous les projets occultes du machiavélisme moscovite, et à en instruire son gouvernement ; M. Guizot faisait le sourd. Au lieu d'être encouragé à défendre l'honneur du pavillon tricolore, M. Billecocq passait pour un homme à idées fixes, et sa voix se perdait comme celle de Cassandre. Mais l'ancienne divinatrice prévoyait l'avenir et on pouvait douter de ses prédictions, tandis que l'expérimenté consul français ne faisait qu'ouvrir les yeux, juger le présent pour en tirer des conséquences rationnelles. Si une des premières qualités d'un diplomate consiste à avoir le coup d'œil sagace, à se mettre dans le véritable point de vue, à voir clair et juste et à informer d'avance son cabinet, cette qualité de M. Billecocq fut considérée comme une extravagante prétention de donner des choses hors de propos.

Le cabinet de Pétersbourg connut mieux les services que ce consul rendit à la France par les préjudices qu'il portait à sa politique hypocrite et ladre ; il voulut se débarrasser de lui, et le ministère de Louis-Philippe obéit à son ukase rendu par la bouche du consul russe à Bibesco, et par ce dernier à M. Guizot. M. Billecocq, qui accomplit sa mission mieux que tout autre consul en Moldo-Valachie, fut rappelé, car il avait vu ce qu'il ne devait pas voir, et il avait informé de ce dont il ne devait pas informer, selon la politique du ministre doctrinaire. Tout ce que le consul général avait dit dans ses rapports se réalise de jour en jour.

Nous avons relaté dans cet exposé succinct l'histoire des droits des Roumains, et de la politique russe en Orient depuis Pierre-le-Grand jusqu'en 1828, et depuis cette année jusqu'à la présente. Nous finirons par un coup d'œil sur les événements qui viennent de s'accomplir en Hongrie par le chemin que le génie moscovite s'était préparé en Moldo-Valachie.

La Russie est si astucieuse, si prévoyante, et tellement assouplie à tout, que, par ses agents de tout genre, et par son or, on peut dire qu'elle prépare les événements. Si l'on affirmait que c'est elle qui travaille depuis longtemps les Hongrois, qui encourage leurs efforts pour reconquérir leurs droits nationaux, qui les pousse à demander une nouvelle constitution ; que c'est elle qui a nourri le fanatisme des uns pour opprimer et irriter les autres nationalités de la Hongrie, qui a discrédité par le parti fanatique la clairvoyance et la justice du parti véritablement progressiste des Magyars ; que c'est elle qui a incité l'Autriche à se repentir, dans son embarras, de ses beaux moments de libéralisme et à tromper les Magyars, — qui a entraîné ensuite ces derniers à se soulever en masse, qui a flatté et encouragé par moments les Kossuth, qui s'est créé d'avance et s'est préparé des Georgey pour contre-balancer et puis renverser les Kossuth, lorsque le moment arriverait; — si l'on affirmait que la Russie a travaillé même les Rouges et les Blancs en France, ourdi les journées de Juin pour paralyser la démocratie, souri à l'intervention française en Italie et l'a poussée même pour avoir, elle aussi, le droit d'intervenir en Hongrie afin de dompter les Magyars et de faire sa propagande parmi les peuplades slavonnes et roumaines; — si l'on affirmait qu'elle a ainsi agi pour forcer les Magyars à se jeter à ses pieds et solliciter sa protection, pour réduire l'Autriche à l'état de la Turquie et la Hongrie à celui de la Moldo-Valachie, pour couper toute ressource au cabinet de Vienne qui l'entravait dans ses démarches contre la Porte, et enfin pour se débarrasser d'un rival qui seul la surveillait de près dans toutes ses évolutions d'intrigues en Orient; — si l'on affirmait tout cela, le cabinet de Saint-Pétersbourg dirait : Cet homme nous connaît bien, il est dangereux. Personne ne pourrait comprendre que cet homme dévoile la vérité, hors Dieu, le diable et les diplomates de Saint-Pétersbourg. Tous les autres cabinets, oppresseurs et victimes, trompeurs et trompés, le regarderaient comme un visionnaire. Le temps lève bien des voiles... souvent, hélas ! trop tard.

En supposant pourtant que tout cela soit vrai, on serait tenté de croire que la Russie est formidable, et que ses programmes ressemblent au livre du destin. Au contraire, c'est parce qu'elle a toujours été la plus faible qu'elle a toujours recours à la fourberie, aux intrigues et aux trahisons. Qui a enfanté le *Metternichisme ?* La faiblesse morale, la position même de l'Autriche. Pourquoi la femme est-elle plus rusée que l'homme ? pourquoi le joue-t-elle et le domine-t-elle à son gré ? Parce qu'elle est esclave, plus faible et plus ignorante. La Russie et l'Autriche n'ont rempli en Europe que le rôle de deux prostituées rivales. Qui devait remporter la victoire ? La plus jeune. Tôt ou tard l'autre devait céder la place, et conformément à sa vie passée, vivre du métier des vieilles courtisanes, en secondant le vice, et devenir témoin des actes détestables de sa jeune rivale

Les autres puissances européennes, éclairées, moralement et matériellement fortes, furent trop grandes pour descendre jusqu'aux moyens employés par ces deux puissances corrompues et corruptrices. Le fourbe et le faible inventent des artifices et des piéges dédaignés par l'homme libre, honnête et vigoureux. Ces forces factices, appuyées sur l'hypocrisie et le mensonge, bien qu'elles semblent colossales, s'écroulent un matin à l'étonnement du monde.

NOTES.

I.

ORIGINES.

Le roumain est la plus immédiate et la plus directe de toutes les langues de la famille latine. On pourrait dire qu'il est, sous certains rapports, plus romain que le latin même, du moins celui que nous connaissons : car il conserve un grand nombre de mots de l'ancien dorique, de cet idiome populaire qu'on ne parlait déjà plus à Rome, au temps de Virgile et de Cicéron, et qui est au latin classique ce que le celte est au français, le teutonique à l'allemand ; comme *alfare*' trouver ; *drumu* (δρόμος), chemin ; *frica* (φρίκη), terreur ; *pandure* (δοῦρα, δούριος, παν δούριον), forêt, buis....

Puis en observant que *agnus*, c'est l'ἀμνός, en changeant *mn* en *gn*, on voit que le roumain conserve toujours l'ancien type dans des mots comme : *semnu, lemnu, demnitate*, signum, lignum, dignitas.

Comparé à l'italien, avec lequel il offre le plus d'analogie, le roumain se rapproche davantage de la langue-mère. Ainsi, dans les dérivés qui forment à peu près les cinq sixièmes de la langue, il conserve entier le mot primitif. Là où l'italien met :

Lago,	*le roumain écrit*	lacu.	Campidoglio,	*le roumain écrit*	capitoliu.
Luogo,	—	— locu.	Nazione,	—	— natiō.
Lupo,	—	— lupu.	Ragione,	—	— ratiō.

Le roumain dit *cugetú* pour la *pensée*, *dominu* ou *domnu* pour *seigneur* ou *monsieur* ; *intindere*, en roumain a le sens latin de *tendre*, et non de *comprendre* « *intendere brachia*. » De plus, le roumain décline les substantifs féminins, à l'exemple du latin : *Roma, Romae, musa, musae*.

Quelques citations mettront à même de comparer et d'apprécier les ressources de cette langue.

Italien.	*Français.*
Chiama gli abitator' dell' ombre éterne,	Lorsque du Créateur la parole féconde,
Il rauco suon della tartarea tromba.	Dans une heure fatale, eut enfanté le monde
(*Tasso*).	Des germes du chaos. (*Lamartine.*)

Roumain.	*Roumain.*
Chiamā locuitori eternelor umbre,	Quând vorba mundiferā c'o urra creatore,
Raucul sunet *tartarei trombæ*	A dis' sā fiā lumea intr'o fatale óre,
(*Trad.*)	D'in germen'i lui chaos. (*Trad.*)

En faisant une inversion littérale de la traduction roumaine, nous laissons M. Lamartine juger laquelle de ces deux langues était la plus capable d'exprimer sa pensée lorsqu'il entonna le chant du désespoir. Voici le mot à mot :

« Lorsque le verbe mundifere, par une haine créatrice,
» Dans une heure fatale dit : Que le monde soit
» Des germes du chaos! »

Le roumain écrit en général comme il prononce, et il conserve l'ancienne prononciation latine. C'est l'oreille, et non la grammaire qui lui apprend à doubler les consonnes, à reconnaître les voyelles latines, longues et brèves. Il écrit sans crainte de se tromper *littera*, *mittere*, parce qu'il prononce *litera*, *mitere*, et là où on accentue l'antépénultième, il doit avoir deux consonnes. Il écrit de même les mots, comme : *battere*, *famillia*, *batallie*.

La voyelle *a* brève latine est à peine sensible dans le roumain, comme l'*e* muet français, *luna*, *Roma*.

L'*e* bref latin, en roumain devient *i*, car l'*i* se prononce avec la bouche plus fermée.

Tempus *devient* timpu.
Bene — bine, etc.

L'*i* long latin, en roumain devient *e*, car l'*e* se prononce avec la bouche plus ouverte.

Lignum, lemnu.
Signum, semnu.

L'*o* latin ne se prononce *o* en roumain, que lorsqu'il a un son intermédiaire entre la longue et la brève. Dès que l'*o* devient long en latin, le roumain ouvre la bouche et le prononce *oa ;* lorsqu'il est bref, le roumain ferme la bouche et le prononce à moitié *u*, ce que le français représente par une diphtongue *ou* plus que longue.

Mŏrs, mŏrte *devient en roumain* moarte.
Mori, morire — — murire (mourir.)

Le roumain, qui a les infinitifs, comme en latin, en *are*, *ere*, *ire*, a tout de suite la clef des substantifs français en *ance* et *ence*, sans qu'il soit obligé de recourir au latin. Jamais il ne commettra la faute, comme un français est souvent tenté de le faire, d'écrire *stence* pour *stance*, *allience* pour *alliance*, *providance* pour *providence*, et s'il écrit *naissance* au lieu de *naiscence*, il n'ignore pas qu'il viole l'étymologie ; s'il écrit aussi *connaissance* au lieu de *connoiscence*, il a la même *connoiscence* et non la *con-naissance*, car il y a une grande différence entre *con-noître* et *con-naître*.

Les Roumains sachant que les syllabes *al*, *el* dans leur langue, suivies d'une consonne, répondent à *au* et *eau*, écrivent en français sans hésiter :

De-alba, aube.   Et de Pelle, peau.
Palma, paume.   Agnellu, agneau.

Cald,	chaud.	Castellu,	château.
Assalt,	assaut (1).	Vitellu,	veau.
Psalmu,	psaume.	Bâtellu,	bateau.
Balsamu,	baume.		
Baldovin,	Baudouin.		

De même pour des mots, comme *taureau*, *aurore*, dont la prononciation roumaine *taour*, *aourora*, lui enseigne la véritable orthographe.

(1) Remarquons en outre que la consonne finale dans *cald*, *assalt*, *pas*, etc., indique l'emploi différent du *d*, *t*, *s*, dans les mots français correspondants.

GÉNIE DÉMOCRATIQUE DE LA LANGUE ROUMAINE.

Ce que nous venons de dire est pour la matière de la langue. Mais si on observe sa forme et ses expressions, qui ne sont que le résultat de son éducation, on ne peut qu'admirer les populations roumaines ; car, seules parmi les nationalités de la race latine, elles ont conservé les mœurs et les habitudes démocratiques jusque dans leur langage.

Dans la langue roumaine il n'est pas encore usité de s'adresser à la seconde personne par le pluriel, comme chez les Français, ni par la troisième personne, au lieu de la seconde, comme chez les Italiens. Le roumain s'adresse à Dieu, au chef de l'Etat, à tout fonctionnaire public, comme au dernier des paysans ou de ses domestiques, par la seconde personne du verbe au singulier : « *Tata quare, esci in ceruri, — Que faci Maria ta? — Vino frate. — Du te Ioanne*, etc. — Père qui *es* dans les cieux. —Comment te portes-tu, altesse ? — Viens, frère. — Va, Jean.

Les titres d'*altesse*, *excellence*, ne se donnent qu'aux étrangers, ou en parlant une autre langue. Parmi les indigènes et dans la langue roumaine, il n'existe que le titre de ta *grandeur* (maria ta) pour le chef de l'Etat, et celui de ta *seigneurie* (domnia ta) appliqué depuis le grand bano jusqu'au serviteur.

Le vocatif, *frate* (frère), s'adresse sans exception à tout individu, même dans les moments de colère : « *Mhei, frate, de que n'asculti? — Apoi, frate, credeam que è bine assà.* — Hé! frère, pourquoi n'obéis-tu ? — Mais, frère, je croyais que c'était bien comme ça.

Pour les autres titres de noblesse et de souveraineté, voyez la deuxième note.

II.

Les mots *coquin*, *spadassin* ou *mauvais sujet*, *scélérat*, n'existent pas dans la langue roumaine, et on remplace le premier par : *roi de la vieille cour* (craïu de curtea vecchie); le second par : *un roi et demi*, *un roi sans bornes* (un craïu si jumetate, un craïu farã margini); et le dernier par : *un roi à pendre* (un craïu de spenduratu). De sorte que, si l'on s'exprimait en roumain par cette grande fanfaronnade démocratique d'une république qui détrône un roi pour le remplacer par 36 millions, si l'on s'exprimait, dis-je, par la dénomination bâtarde *de peuple de rois* (popol de craï), ce serait la plus cruelle et sarcastique injure. Car, *peuple de rois* en roumain ne signifie que peuple de déguenillés, des anarchistes, des hommes sans lois et conscience; il faut aller en Roumanie pour apprendre la véritable signification du mot roi dans la démocratie antique, pour entendre ce dédaigneux *rex* des parents de la république romaine. La répulsion pour ce mot y est poussée si loin, que dans la traduction de la Bible, on l'a remplacé par des équivalents. Le *Livre des rois* s'y appelle le *Livre des empereurs.*

Principu n'a jamais signifié, comme nous l'avons dit, que bouffon, fou. Tout le monde connaît en Valachie les expressions : «*principul zamphir*, — classa'l *que è un principu*, etc. Depuis le réglement organique, on essaya de donner au chef de l'Etat ce titre, et pour éviter le mot national *principu*, on fut obligé de recourir au mot français *prince*, afin de masquer en quelque sorte l'insulte.

Marquis et comtesse signifie fournisseur ou fournisseuse de filles; le mot propre à désigner ce métier n'existe pas non plus en roumain, et on emploie un mot turc, qui ne peut figurer dans un salon, comme leurs seigneuries les marquis et les comtesses.

III.

Les finales en *escu* sont des patronymiques qui marquent la descendance, comme les *ides* grecs, les Pélopides, les Héraclides; ou la mémoire d'un haut fait, d'une récompense, comme les *icus* latins, ispanicus.

Les *eiu* sont des finales *peggioratives* qui expriment la dérision ou le mépris, comme les *accio* italiens, et les *aille* français. A l'instar de canaille, prêtraille, on peut faire en roumain, d'*édenté*, *édentaille*, c'est-à-dire du *stirb*, stribeiu ; de bestia, besteleiu, ciufuleiu, vulpuleiu, etc. En vérité la finale n'est point du tout classique, et encore moins honorifique; c'est pour cela que je trouve M. Stirbeiu plein d'esprit, lorsqu'il essaie de diviser son nom en Stir-bey, et de se débarrasser d'une queue aussi ignoble; c'est une heureuse idée qui lui est venue.

IV.

La finale au pluriel se voit aussi chez les Italiens, encore plus que chez les Roumains. Le premier chef d'une famille a dû avoir son nom au singulier, comme Tancredo, Rinaldo, Orsino, Medico,... et leurs descendants, puisqu'ils sont plusieurs, emploient le nom au pluriel, Tancredi, Rinaldi, Orsini, Medici...

V.

Voici la teneur du traité de paix conclu entre Pierre-le-Grand et Cantimir

de Moldavie, le 13 avril 1711, pour ce qui concerne l'indépendance et la souveraineté de ce peuple. « La Moldavie aura pour frontière le Nistre. — Elle ne
» paiera aucun tribut. — Le titre de son chef sera : le prince-sérénissime de la
» Moldavie, *samoderjetz* (autocrate et collègue de la Russie). »

VI.

Le *Courrier roumain*, dirigé par J. Héliade, en face des trames machiavéliques
ourdies par l'envoyé russe, prit pour devise : *J'abborre la tyrannie et je crains l'a-
narchie*. Duhamel, en lisant ces deux phrases, comprit leur sens et dit au consul
Cet homme nous connaît. Il demanda aussitôt la suppression du journal et la pro-
scription du rédacteur.

VII.

Dans notre Histoire de la régénération roumaine, nous ferons connaître plus en
détail ces citoyens qui y jouèrent un rôle important.

VIII.

Les Valaques désignaient l'envoyé moscovite par cette qualification caractéris-
tique. Nous la conservons fidèlement.

IX.

La constitution nouvelle sera également donnée dans notre Histoire, en regard
de l'ancienne, avec tous les principaux documents nécessaires pour justifier nos
assertions et pour éclairer nettement une nationalité presqu'inconnue à l'Europe.

X.

Voir *dans l'Histoire de la régénération* la lettre du consul russe envoyée au métropolitain par Th. Popesco, et le *refus* d'Héliade et de C. Philippesco.

APPENDICE.

DU RÉGLEMENT ORGANIQUE ET DU SYSTÈME RUSSE.

Le réglement organique commencé par G. Ghica dans le sens national, achevé
par les Russes dans les vues du cabinet de Pétersbourg, ne pouvait que reconnaître la liberté du paysan; car il n'a jamais été attaché à la terre sur laquelle il
se trouve. Il a toujours été libre de s'acheter une terre, s'il le pouvait, de s'établir sur sa propriété, ou d'aller habiter une autre terre à son choix.

Le principe de liberté a été respecté par Ghica et par les Russes même. Seulement le soi-disant protectorat russe, en mettant la main, comme nous l'avons relaté,
sur ce projet de réformes, ne fit que tâcher de tirer profit de chaque article, et

d'abuser de tout bon principe. Il déclare le paysan libre ; il engage le propriétaire à lui céder rigoureusement 9 pogones (à peu près 4 hectares) de terrain à cultiver pour son propre compte ; il autorise le paysan à ne solder, pour cela, au propriétaire qu'un équivalent en travail montant au plus à 36 francs par année..... Mais dans quel but?

La Russie considérait déjà la Moldo-Valachie comme deux pays appelés à devenir deux gouvernements russes; elle se croyait presqu'à la veille de réaliser ce projet par l'acte séparé et secret du traité d'Andrinople. Dans un pareil cas, pour absorber et anéantir la nationalité roumaine, les paysans devaient être libres de se transporter où bon leur semblerait; c'est-à-dire qu'ils devaient se trouver, par leur condition naturelle, prêts à être transplantés et disséminés dans les contrées vastes et presque désertes de la Russie ; puis par une sollicitude toute paternelle de l'empereur, ils n'eussent été divisés parmi les peuplades russes qu'au bout de quelques années. Grâce à la coïncidence de la même religion, il ne serait resté aucune trace de cette nationalité engloutie par le nombre.

Alors, la Moldo-Valachie serait dépeuplée. — Non, la sollicitude toujours paternelle du Czar, dans l'intérêt des propriétaires moldo-valaques, aurait repeuplé au fur et à mesure le pays par des colons russes qui, au dire du gouvernement moscovite, *sauraient mieux cultiver la terre*. On ne peut pas nier cette extrême bonté du Czar, car on en a des preuves évidentes et palpables en Bassarabie. Cette portion de la Moldavie, arrachée par la puissance protectrice, fut dépeuplée des indigènes et repeuplée par un nombre suffisant de Cosaques. Ceux-ci vinrent s'établir comme paysans sur les terres des boyars moldaves ; mais au bout de quelques années, ils s'imaginèrent de ne plus acquitter le loyer ou le droit du propriétaire, et lorsqu'on leur demanda de venir travailler pour payer la dette annuelle, ils firent semblant de ne pas comprendre le moldave, et d'ignorer ce qu'on leur demandait. « *Ya ni snaiu* » fut aussi imité par le reste des paysans indigènes, et voilà des discordes, des luttes, des procès entre les propriétaires et les paysans. C'est un scandale en Russie que de pareils *désordres*. Mais il existe en Russie une loi portant que les Cosaques inscrits dans les cadres de l'armée doivent avoir leur terre. Par conséquent, chaque village (mais toujours au fur et à mesure pour que cela ne saute pas aux yeux), fatigué de discordes et de procès, trouva bon de recourir à cette loi. Les villages commencèrent à déclarer, dans des pétitions au gouvernement, qu'ils désiraient s'inscrire comme Cosaques. Un village ainsi inscrit ne doit qu'au cas de guerre fournir à l'empereur, par cent familles, quatre hommes équipés, soldés et nourris. Le reste en est exempt, et la terre doit lui appartenir. Le propriétaire, selon la loi générale, doit être exproprié ; il doit céder sa terre à la couronne et, pour ce, la vendre. Mais le prix est tellement fixé d'avance par une autre loi, qu'il ne peut retirer le cinquième de ce que sa propriété vaut.

De cette manière, la Bassarabie est aujourd'hui peuplée de Cosaques ou de Moldaves cosaquisés ; c'est toujours de la même façon que la plupart des propriétaires moldaves ont perdu leurs biens. Le même sort donc menaçait la Valachie et le reste de la Moldavie par le réglement organique. Voilà ce qu'on appelle communisme czarien ou czaresque.

On a maintes preuves de cette bonne intention de la Russie ; entre autres, nous citerons ce qui dernièrement eut lieu en Valachie.

Sous le gouvernement d'Alexandre Ghica, un boyar, poussé par philanthropie ou par pur intérêt, se proposa de morceler sa terre et de la vendre à des paysans. Plus de 1500 familles vinrent en acheter et s'établir sur leur légitime propriété. Mais le consul russe excita et encouragea quelques boyars parvenus à réclamer sous divers prétextes et sophismes contre cette nouvelle espèce de spéculation qui allait ouvrir à plusieurs paysans le moyen de devenir propriétaires. Leur réclamation devint sérieuse, et le consul la soutenait secrètement. Ghica, dont le gouvernement se signala par plus de quarante actes officiels qui garantissent les droits et la liberté des paysans, ne put que protéger la liberté du vendeur boyar et des acheteurs paysans. La vente continua jusqu'à l'avénement de Bibesco ; celui-ci, intimidé par le consul, s'empressa d'arrêter cette gangrène qui allait, comme une voie libératrice, s'étendre parmi tous ceux qui voulaient vendre leur terre, et rendre avec le temps tout le reste des paysans propriétaires.

On s'efforça donc d'expliquer la lettre du réglement organique par l'interprétation suivante, qui nous laisse entrevoir clairement les vues de la Russie.

« Le paysan est libre ; il peut aller où bon lui semble ; mais il n'a pas le » droit de s'acheter un morceau de terre ou une maison, » c'est-à-dire, il a le droit d'être toujours prolétaire et étranger sur la terre de ses ancêtres. Quel intérêt a le Czar de voir le paysan moldo-valaque libre à sa manière, c'est-à-dire sans propriété, sans un coin où reposer sa tête ? Pourquoi en Valachie, les Grecs, les Serbiens, les Bulgares peuvent-ils acheter des terres, tandis que le paysan valaque est condamné à errer sur le sol de ses pères, sur ce sol jadis défendu par leur glaive, arrosé par leur sang, fécondé par leurs sueurs, et par son propre travail. Pourquoi ? — Pour se trouver prêts, selon la prédestination moscovite, à aller peupler les déserts sibériens, et laisser la terre roumaine en pâture aux Cosaques usurpateurs.

C'est de ce communisme que la constitution a voulu sauver la vieille *Terra-Romana* et les propriétés particulières. Mais les voleurs ont la coutume fréquente de donner le nom de *brigands* à leurs victimes ; Sa Majesté cosaque ne manqua pas d'appeler *communistes* les véritables conservateurs des propriétés publiques et privées en Valachie.

FRAGMENT HISTORIQUE SUR LA MOLDO-VALACHIE.

Nous extrayons, pour terminer, le passage suivant d'un beau travail que les Moldaves, dans leur exil, publièrent en Bucovine, l'année 1848.

« Les deux pays jouissaient d'une entière indépendance ; ils choisissaient leurs domni parmi les indigènes; leurs frontières, leurs institutions et leurs croyances étaient religieusement respectées ; ils jouissaient enfin de tous les droits propres à deux États souverains, assez puissants pour que leur alliance fût briguée par les plus grands monarques de l'Europe ; l'empereur de l'Allemagne et le Czar de la Russie se disputaient l'amitié et la coopération de ces deux principautés, gouvernées alors par les domni Constantin Brancovano et Démétrius Cantimir.

» C'est l'an 1711, que Pierre-le-Grand se détermina à mettre en exécution ses projets d'abaisser la Turquie. La Moldavie, *heureuse* et *bien organisée*, suivant l'expression du réformateur même de la Russie (1), se sacrifia pour ses coreligionnaires, les Russes. Mais lorsque la paix fut conclue sur le Pruth, des centaines de familles moldaves avec leur domni Cantemir, victimes de leur dévouement, se virent forcées d'émigrer ; car les deux pays furent délaissés par Pierre-le-Grand, à la merci du malheur ; la S. Porte, pour châtier leurs sympathies envers un empire étranger, les livra (la Moldavie particulièrement) en proie aux Tatars, foula aux pieds leurs anciens traités, cerna leurs frontières de forteresses turques, construites sur le territoire roumain par l'argent et le travail des Roumains eux-mêmes, et fit décapiter à Constantinople le domnu Brancovano avec toute sa famille. (Cantimir s'était réfugié en Russie). Peu s'en fallut que les principautés ne fussent changées en pacaliks; on n'y conserva qu'une ombre de domni, constamment pris parmi les Grecs du Phanar; car, depuis l'an 1711, on ne trouve plus d'indigènes sur les trônes de la Moldavie et de la Valachie.

» C'est ainsi que ces deux malheureux peuples expièrent, par la perte de leurs droits les plus sacrés, leur première alliance avec l'orthodoxe Russie.

» Les Roumains obtinrent la même récompense, pour tous leurs longs et douloureux sacrifices en sa faveur dans les guerres qu'elle eut avec la Turquie, l'espace à peu-près d'un siècle.

» Dans la seconde campagne de 1736 à 1740, lorsque le feld-maréchal Munich entra en Moldavie, le pays, le métropolitain en tête, vint à sa rencontre et reçut l'armée russe comme une armée de frères, la nourrit plusieurs années, l'augmenta par des troupes roumaines, lui offrit en un mot secours et hospitalité. Mais lorsque la paix fut conclue, le métropolitain Antoine, avec des centaines de familles,

(1) La chronique de Jean Nicoûlcea, p. 348.

se vit également contraint d'abandonner ses ouailles et son pays ; la Moldavie fut de nouveau vouée à la vengeance turque, sans aucun remords et souci de a Russie ; Munich dans sa retraite, pour reconnaissance, livra Jassy à la déprédation de ses soldats, exigea de la ville une nouvelle somme d'argent, en la menaçant des flammes, emporta pour cela les caïmacans du pays prisonniers aux fers jusqu'à Hotin, et, lorsqu'il passa le Pruth, « envoya, disent les chroniques contempo-
» raines, ses soldats dans les districts de Hotin et de Cernovitz, pour enlever des
» milliers d'hommes à titre d'esclaves, lesquels furent partagés ou vendus comme
» des animaux ; les uns prenaient les maris, les autres les femmes, et les autres
» les enfants ; les Russes surpassaient en cruauté les féroces Tatars (1). »

« Dans la troisième campagne, de 1760 à 1774, les Roumains donnèrent à la Russie d'égales preuves de dévouement et de secours en armes, hommes, argent et provisions. Leur zèle pour les Russes et leur concours contre la Turquie, furent tels que la S. Porte, en représailles et châtiments, par un *fetva* du grand mufti, livra comme une double proie à ses armées la Valachie et la Moldavie, avec pleine liberté de dépouiller, d'incendier et d'égorger.

» L'impératrice Catherine, par son manifeste du 15 décembre 1769, six fois relu dans les églises roumaines, avait promis que la Russie défendrait pour toujours les principautés contre les Turcs. La paix de Caïnardjik fut conclue, et les domni de Moldavie et de Valachie furent rendus à la Turquie, en reconnaissance de la dévastation soufferte, et du sang versé par les deux peuples pour les czars. Voilà, pour la troisième fois, des milliers de Roumains comprom's, fuyant leur patrie dévastée (à cause de la Russie, et malgré toute sa soi-disant protection), dépouillée de tout reste de droits ; puis, malgré les plaintes du métropolitain avec l'assemblée générale, et malgré tou'es les protestations du chef de l'État Ghica pour l'intégrité de la Moldavie, la Russie en arracha la Bucovine, et l'offrit à son alliée l'Autriche, en abandonnant Ghica au martyre.

La Russie entreprit contre la Turquie une quatrième campagne, celle de 1787 à 1791. Pendant que les plus notables boyars de la Moldo-Valachie, victimes de leurs sympathies pour le cabinet de Pétersbourg, se trouvaient arrêtés et captifs par l'ordre du sultan dans les îles de l'Archipel, dans les monastères de la Bulgarie et du Mont Athos, dans l'Albanie et dans les prisons de Constantinople(2), les deux contrées souffraient toutes les charges d'une guerre atroce, comme théâtres des luttes sanglantes entre les Austro-Russes et les Turcs. La paix de Jassi fut conclue encore sans amener pour notre patrie aucune des améliorations promises. Le malheureux pays, désert et réduit en cendres, fut rendu à la Sublime-Porte

---

1) Pholinos, Histoire de la Dacie, t. II. p. 360 et t. III. p. 370.
2) Engels Geschichte der Moldau, p. 300, et les demandes du feld-maréchal Münich, dans Necoulcea, p. 450.

sous l'auspice de quelques garanties qui n'ont jamais été observées ; car la Moldavie, ainsi que la Valachie, à la suite de leurs témoignages de dévouement pour la Russie, ne cessèrent d'être traitées par la Turquie en pays infidèles et perfides, toujours prêts à faire cause commune avec cet empire orthodoxe contre la cour suzeraine.

» Une cinquième campagne contre la Turquie fut entreprise par la Russie ; elle dura de 1806 à 1812. Nul n'ignore les traverses, les dévastations et les calamités dont les deux principautés, et plus encore la Moldavie, furent victimes pendant le cours de six années. A la conclusion de la paix de Bucaresci, pour récompense de tous les malheurs qu'ont soufferts les Roumains, la soi-disant puissance protectrice arrache à la Moldavie la moitié de son territoire, la Bassarabie. Peu s'en fallut même que les propriétaires de terrains moldaves ne se vissent privés des terres qu'ils possédaient sur la partie gauche du Pruth. Il a fallu la bonté personnelle de l'empereur Alexandre pour leur accorder cette consolation, en les récompensant de leurs maux cruels et de la perte de la moitié de leur territoire, par son respect envers leurs propriétés. L'incorporation de la Bassarabie à la Russie nous fournit la meilleure réponse à la dépêche du 10 juillet (1848) qui nous chante les belles paroles suivantes : « Le passé répond du présent : plus d'une fois dans le passé, » nous (la Russie) avons occupé le tout, ou une partie de ces principautés, et fi» dèles à notre parole, nous les avons évacuées, dès que les conditions posées à » notre retraite furent accomplies. »

» Voici la description abrégée des souffrances de ces deux pays et des services rendus à la Russie par les Roumains depuis Pierre-le-Grand jusqu'à 1828. Nier ces sacrifices (et la mauvaise foi de la Russie), c'est nier l'histoire même. »

ERRATA.

Pages	lignes	au lieu de :	lisez :
5,	36,	Radu-Trepe,	Radu-Trepes.
7,	24,	penslavisme,	panslavisme.
12,	18,	il existe une coutume,	existe la coutume.
13,	31,	aux et usages,	aux usages.
15,	33,	ceui de la Moldavie,	celui de la Moldavie.
18,	3,	Vladmiresco,	Vladimiresco.
22,	27,	de la page blanche,	de la page en blanc,
26,	25,	Ibrilla,	Ibraïlla.
30,	13,	du Teiss,	de la Theiss.

FIN DES NOTES.

En vente prochainement à la même Librairie :

HISTOIRE

DE

LA RÉGÉNÉRATION ROUMAINE

en 1848,

AVEC TOUS LES DOCUMENTS AUTHENTIQUES
PROPRES A ÉCLAIRER LE DERNIER MOUVEMENT VALAQUE
ET LA QUESTION DES PRINCIPAUTÉS DANUBIENNES.

Un demi-vol. in-8°. — 3 fr.

---

sous presse :

SOUVENIRS ET IMPRESSIONS D'UN ROUMAIN.

Brochure in-8°. — 1 fr.

Imprimerie de BEAU, à Saint-Germain-en-Laye.